ANNA WANDER

„Ich dachte, es gibt Nudeln…“

www.allesausdemgarten.de
Verlag allesausdemgarten GbR
Buchtallee 6, 21465 Reinbek
Gesellschafter: Anna Degler-Wander
und Dieter Degler
E-Mail: kontakt@allesausdemgarten.de

INHALTLICHE VERANT-
WORTUNG: Anna Degler-Wander

GESTALTUNG UMSCHLAG:
Anna Degler-Wander

GESTALTUNG INNENTEIL:
Rainer Wörtmann

DRUCK: Printer Trento Srl

BILDNACHWEIS:
(C) Anna Degler-Wander
Ausser: S. 21 Murraya koenigii, Roxburgh, W., Plants of the coast of Coromandel, vol. 2: t. 112 (1798).
S. 48 Allium sativum, unknown master, Tacuinum sanitatis, 14. Jh., public domain, via Wikimedia Commons.
S. 59 Botanischer Bilderatlas, Carl Hoffmann, Stuttgart 1884, Tafel 51.
S. 74 Utica dioicao, Prof. Dr. Otto Wilhelm Thomé Flora von Deutschland, Österreich und der Schweiz, Gera 1885. S. 90 Album Benary, Ernst Benary, Erfurt 1876-1886, Tafel XXVIIII.
S. 91 Tacuin Èpinard, unknown master, Tacuinum sanitatis, 14. Jh., public domain, via Wikimedia Commons
S. 147 Citrus sinensis (L.) Histoire et culture des orangers, A.Risso et A. Poiteau, Paris Henri Plon, Editeur, 1872.

ISBN: 978-3-00-074201-9

ANNA WANDER

„Ich dachte, es gibt Nudeln…“

VEGETARISCH. KÖSTLICH.
INSPIRIEREND.

INHALT

VORSPEISEN, SALATE & SNACKS

GEMÜSE & HÜLSENFRÜCHTE

REIS & GETREIDE

NUDELN, GNOCCHI & CO

PFANNKUCHEN, CRÊPES & EI

QUICHES & TARTES

PIZZA, FLAMMKUCHEN & CO

DIPS, CHUTNEYS & SAUCEN

DESSERTS & FRUCHTIGES

KOCHEN & INTERNET

REZEPTE NACH SAISON

REGISTER

EINLEITUNG

Die Autorin Anna Wander und ihr Bauerngarten (linke Seite)

Man sagt ja, andere zu verwöhnen, führe zu nichts. In mancherlei Hinsicht ist das aber nicht wahr. Denn ich finde, meine Familie wurde in den letzten Jahren von mir schon ganz schön verwöhnt, zumindest was das Essen anbelangt. Aber dafür wissen meine drei Kinder, dass Gemüse wunderbar schmeckt und mein Mann, dass er nicht das Geringste vermisst, wenn er auf Fleisch verzichtet, im Gegenteil, er fühlt sich damit viel besser.

Wir lieben es, gut zu essen, vegetarisch, abwechslungsreich und genießen all diese köstlichen Aromen - egal, ob ein Gericht schwäbisch, sizilianisch oder sri-lankisch inspiriert ist. Diese Suppe habe ich mir im Laufe der Jahre selbst eingebrockt, aber gut, es gibt Schlimmeres. Jetzt löffele ich sie eben genüsslich aus. Fast täglich gibt es frisch zubereitete Mahlzeiten, so wie der Alltag es zulässt. Mittlerweile haben die Kinder selbst angefangen, für sich und Freunde zu kochen. Der Jüngste ist zwar bisher nur für die Geburtstagskuchen zuständig, aber immerhin. Dafür hat er zu den Gerichten ganz gerne mal kluge Sprüche auf Lager. Allzu viel kann in dieser Beziehung bei den Kindern also nicht schiefgelaufen sein.

Dennoch ist es nicht leicht, die individuellen Vorlieben, Abneigungen, Launen und Befindlichkeiten innerhalb einer Familie zu berücksichtigen. Der eine mag gerade kein Risotto wegen dessen Konsistenz, die andere findet Süßkartoffeln und Karotten zu süß und Kürbis zu orange, dem Dritten geht immer alles nicht schnell genug, und überhaupt möchte er - es handelt sich übrigens um meinen Mann - hauptsächlich „mal wieder eine Nudel", und die Vierte möchte ab sofort nur noch vegan.

Emma und David, zwei der Kinder von Anna

Und einen Monat später ist dann sowieso wieder alles anders (bis auf die Nudel). Am besten, man ignoriert das. Mein Mantra lautet mittlerweile: Wer am Herd steht, bestimmt, was auf den Tisch kommt (das bin in der Regel nämlich ich. Vorschläge werden natürlich gerne entgegengenommen und Geburtstags-Essens-Wünsche selbstverständlich in Erwägung gezogen).

Meine liebsten Esser sind ohnehin Freunde. Die sind immer dankbar, bringen gute Laune, Muse und manchmal sogar eine Flasche

Champagner mit und beschweren sich nicht, sollte aus Versehen das Curry mal etwas zu scharf sein. Schließlich geht es beim Essen ja auch um die Zeit, die man gemeinsam verbringt. Im Alltag ist es mittlerweile eine echte Herausforderung, den richtigen Timeslot zu erwischen, in dem sich möglichst viele Teilnehmer um den Tisch versammeln können. Und dann verputzen sie in fünf Minuten alles, worüber ich mir vorher stunden-, ach, was sage ich: tagelang den Kopf zerbrochen, was ich zusammengesucht, ausgedacht und vorbereitet habe. Verkannt wird nämlich genau in dem Kreis, der tagtäglich von den Anstrengungen profitiert, dass Kochen kein rein mechanischer, sondern auch ein kreativer Prozess ist, der einer gewissen Aufmerksamkeit bedarf, eventuell der Improvisation. Und Muse. Wenn es lediglich um rasche Sättigung geht, läuft es tatsächlich meist auf eine einfache Nudel hinaus.

Das Ziel ist doch immer das gleiche: dass es schmeckt, dass der Gaumen angeregt wird, dass ein Gericht mit seinen Aromen ins Bewusstsein vordringt und einen Moment des Genusses, vielleicht auch Erstaunens hervorruft. Sobald das geschieht, ist alles erreicht. Mission erfüllt.

Zum Haushalt gehören auch einige tierische Feinschmecker. Ausser den Hunden hier die Laufenten.

Wenn dann noch einer ab und zu mit feucht glänzenden Augen: „Das schmeckt aber gut!", haucht, hat sich der Einsatz schon wieder gelohnt. Da stelle auch ich mich am folgenden Tag wieder frisch motiviert an den Herd.

Doch ich mache mir nichts vor. Im Grunde wird das als Selbstverständlichkeit hingenommen - und ich vermute, dass Verwöhnen den Charakter vielleicht doch verdirbt.

Wenn ich meine Familie frage, was ihr wichtig ist am Essen, kommt übrigens Folgendes:

Meine eine Tochter: „Der gute Geschmack, bekömmlich und gesund."

Meine andere Tochter: „Abwechslungsreich, gesund und bekömmlich."

Mein Sohn: „Der gute Geschmack und die Abwechslung." (Man beachte: Die Gesundheit fällt hier schon unter den Tisch.)

Mein Mann: „Wird dir nicht gefallen: Muss schnell gehen, schmecken und satt machen."

Bei den Männern unserer Familie ist es so, dass sie es sich mit der Ernährung tatsächlich bequem machen. Natürlich essen sie gerne gut, solange man es ihnen vorsetzt. Sind sie aber auf sich allein gestellt, reicht im Notfall auch die Packung Veggie-Frikadellen, Veggie-Salami, Käsetoast oder die Chipstüte. Wenn ich über einen längeren Zeitraum weg bin, werden aber auch ihnen die täglichen Nudeln mit Parmesan und Burgerpatties fad, es fehlt ihnen doch das Gemüse, und ich muss Anregungen und Rezepte schicken, an denen sie sich ausprobieren.

Gute Ernährung, Freude am Essen und am Genuss gehören einfach zusammen. Und das ist gar nicht so schwer. Dazu soll dieses Buch anregen.

Anna Wander

VORSPEISEN, SALATE & SNACKS

Gratinierte Artischocken
A-To-M-Sandwich / Tomaten-Chutney
Birnen-Provolone-Carpaccio
Gegrillter grüner Spargel mit Chimichurri
Lauwarme Kirschtomaten mit Schnittlauch
Sizilianische Caponata mit Rosinen
Auberginen-Salat mit Zitrone und Parmesan
Couscous mit Paprika, Gurke und Staudensellerie
Teigtaschen mit pikanter Kartoffel-Füllung
Birnen-Sauerkraut-Salat mit Linsen
Marinierte Gurke mit Labneh / Gomasio
Feiner Spitzkohl-Salat mit Möhre und Apfel
Papaya-Salat mit Hot Honey und Erdnüssen
Bunter Schwarze Bohnen-Salat
Nudelsalat mit Gartenkräutern
Französischer Kartoffelsalat

WAHNSINN, HYSTERIE UND TEUFELSZEUG

Da hat uns Kolumbus mit seinen Tomaten ganz schön was eingebrockt. Heute leidet die Harmonie mancher Ehe ernsthaft unter der Auseinandersetzung, ob im Garten nun ein Carport oder doch lieber ein Gewächshaus aufgestellt werden soll, es drohen Partnerschaften zu zerbrechen, weil die Schwarze Sarah, die Gelbe aus Bayern oder der Lange Erwin mehr gestreichelt werden als der Partner, und es wird die ein oder andere Jahres-Urlaubsplanung diktiert von Anzucht- und Ernteterminen des roten Gemüses. Ab Februar stehen Fensterbänke voll mit kleinen Töpfen, in denen aus winzigen Kernchen Pflanzen empor sprießen, die dann etwas später ins kühle Schlafzimmer umziehen, das dann für ein, zwei Monate zur Aufzuchtstation umfunktioniert wird. Besonders erotisch ist das nicht, man gewöhnt sich aber daran.

Dabei gibt es durchaus gute Gründe, alte Tomatensorten selber zu ziehen: Es gibt sie in dieser Vielfalt nirgends zu kaufen, sie beschenken einen von Juli bis Oktober mit wunderbaren, wohlschmeckenden Früchten und machen mit ihren vielen Antioxidantien auch noch schön. Was will man mehr? Die Tomate braucht eben ein Dach über dem Kopf, ein Auto nicht.

Jemand, der seinen Einkaufswagen gemütlich durch Edeka oder Aldi schiebt, wird diese Tomatenhysterie wohl kaum verstehen. Im Laden gibt es doch alles, was man braucht: je eine Sorte Fleischtomaten, Strauchtomaten, Salat- und Cocktailtomaten, die Früchte sehen makellos aus, selbst nach einer längeren Reise, und werden auch immer bunter. Sommers wie winters das gleiche Angebot, wozu also der ganze Stress? Kolumbus hätte sich wohl nie träumen lassen, dass sein Mitbringsel zu einem Superstar unter den Gemüsen weltweit avancieren würde. Selbst die Chinesen mischen mit. Dort werden etwa ein Drittel aller Tomaten weltweit produziert und weiterverarbeitet, um schließlich als italienisches Produkt in unseren Regalen zu landen.

Auch die europäischen Paradiesfrüchte gehen gerne auf Reise, zum Beispiel nach Afrika, wo ihre Dumpingpreise den dortigen Bauern das Leben schwer machen. Echter Tomatenwahnsinn, made in EU. Fanatische Salafisten warnen übrigens schon länger davor, Tomaten überhaupt anzufassen oder sie gar quer aufzuschneiden, denn sie enthalten dort in ihrer Mitte ein christliches Symbol, das Kreuz. Alles Teufelszeug.

Aber Wahnsinn hin, Hysterie her. Bevor der Streit um Gewächshaus oder Carport zu eskalieren droht, sollte eventuell über einen kleinen Strategiewechsel nachgedacht werden. Man fängt mit einem kleinen, selbstgebauten Provisorium an, fixt seine Lieben in der nächsten Saison mit Lady Aireen Sweetie Pie, Black Plum und Yellow Submarine an, tischt dann den zwischenzeitlich verwöhnten Gaumen zur Abwechslung eine ordinäre holländische, wässrige Strauchtomate auf („Bäh! Wie schmeckt denn die?") und untermalt das Essen mit dem schlechtesten Film aller Zeiten, dem „ Angriff der Killer-Tomaten". Es wird Protestschreie, Petitionen und Abbitten hageln. Ein Platz fürs Gewächshaus findet sich dann vielleicht doch. Vielleicht hinter dem Carport.

GRATINIERTE ARTISCHOCKEN

Ich konnte nicht anders, ich musste mir dann doch eine Ladung der kleinen, sardischen Artischocken aus Italien mitbringen. Ihre Stacheln piken zuerst fürchterlich, aber sie schmecken einfach fantastisch.
Meine Küche wurde schließlich erfüllt von ihrem süßlichem Duft, während sie vor sich hinschmorten, und bevor ich sie dann mit einer genialen (auch für andere Gemüse geeigneten) Brot-Pecorino-Petersilien-Knoblauch-Mischung mit kleinem Chili-Kick gratinierte. Beträufelt mit frischem Olivenöl.
Mir läuft jetzt noch das Wasser im Mund zusammen. Und vier Artischocken schaffe ich locker als Hauptmahlzeit, dazu eine Scheibe frisches Brot. Vielleicht noch ein Glas Wein, mehr brauche ich nicht.

Zutaten:
(1 – 2 Personen)
4 Baby-Artischocken (alternativ: in Öl eingelegt aus dem Glas)
½ Zitrone, Saft
1 Knoblauchzehe, zerquetscht
1 Tasse altes Brot, zerhäckselt
50 g Pecorino, zerhäckselt
1 Bund Petersilie, klein gehackt
1 Knoblauchzehe, ganz
Chiliflocken oder Peperoncino
Meersalz
Olivenöl

Die **Artischocken** putzen. Dazu die äußeren 2 – 3 Blätterkränze entfernen, bis die Blätter weich werden. Die oberen zwei Drittel der Knospe abschneiden, vom Stängel (wenn er frisch und knackig ist) ruhig etwa 5 cm stehen lassen, evtl. mit Sparschäler abschälen. Die Artischocken vierteln, das Stroh herauskratzen und in Zitronenwasser legen.
In einem ofenfesten Topf 3 EL Olivenöl erhitzen, **Knoblauchzehe** und Artischocken darin kurz anbraten, dann 1 Tasse Wasser hinzufügen und 20 Minuten dünsten.
Währenddessen das **Brot** im Blender oder der Küchenmaschine häckseln (dann werden die Stückchen nicht allzu fein), genauso den **Pecorino**, die **Petersilie** und **Knoblauchzehe** und alles mischen. Mit **Peperoncino** bzw. Chili pikant würzen und mit Salz abschmecken.
Die Brot-Käse-Mischung über die Artischocken streuen und alles mit nicht zu wenig **Olivenöl** beträufeln.
Den Topf im Backofen unter den Grill schieben und gratinieren. Nicht verbrennen lassen!

A-TO-M SANDWICH

Einmal habe ich in der New York Times einen Artikel des Journalisten Sam Sifton über „The Best Sandwich Ever" gelesen, in dem er beschreibt, wie er sich auf Autofahrten mit seinen Kindern die Zeit verkürzt. Sie unterhalten sich dann über ihre Lieblings-Sandwiches, und er kommt sich dabei wie eine Figur aus einem Nick Hornby-Roman vor.
Der Artikel hat mich jedenfalls dazu animiert, meine frisch geernteten Auberginen einmal auf andere Art zu verarbeiten. Ich liebe geröstetes Brot und hatte auf einmal dieses Bild vor Augen und dessen Duft schon in der Nase: knusprige Scheiben, fruchtiges Tomaten-Chutney, warme Auberginenscheiben (A), saftige Tomate (To), frischer Mozzarella (M). Fertig. Es gab kein Halten mehr.
Alles passt wunderbar zusammen, und wir konnten nicht genug davon bekommen. Wären wir jetzt mit dem Auto unterwegs, würden wir übereinstimmend sagen: Das ist unser Lieblings-Sandwich.

Zutaten: (für 1 Sandwich)
1 Stück Baguette
1 TL Olivenöl (evtl. Chili-Kräuteröl)
2 - 3 TL Tomaten-Chutney (ersatzweise Ketchup)
1 Auberginenscheibe, in Öl gebraten
Mozzarella, in Scheiben
1 große Tomatenscheibe
2 - 4 Rote Zwiebel-Ringe
1 Salatblatt
2 Basilikumblätter
Kräutersalz, evtl. Pfeffer
Oliven

Das leicht angefeuchtete **Baguette** im Ofen schön kross aufbacken. Schnittflächen mit Olivenöl bestreichen. Jetzt kommen das **Tomaten-Chutney**, die **Auberginenscheibe** und der Mozzarella darauf. Mit Kräutersalz und Pfeffer würzen. **Tomatenscheibe**, **Zwiebelringe**, **Salatblatt, Basilikum** und zweite Brotscheibe darauf schichten. Dazu ein paar **Oliven** reichen.

MIT TOMATEN-CHUTNEY

„Riecht das gut! Was ist das?" Meinem Gatten rauchen die Nasenlöcher vor Hunger. Der Duft von Kokos, Ingwer, Knoblauch und Zwiebeln breitet sich im Haus aus und lockt ihn in die Küche. Ich habe vorhin eine Ladung Tomaten aus dem Gewächshaus geholt, die jetzt zu leckerem, wunderbar konzentriert süß-fruchtig-scharfem Tomaten-Chutney verarbeitet werden.
Tomaten-Chutney wird eingekocht und passt zu fast allem: zu indischen Currys, zu im Ofen gebackenen Kartoffeln, als edler Dip zu Fondue, als Ketchup-Luxusersatz auf Veggieburgern, zu gebratenem Ziegenkäse. Eine Allzweckwaffe sozusagen.

Tomaten-Chutney:
(ca. 4 mittlere Gläser mit Twist-off-Deckel)
1,5 kg Tomaten, gehäutet und gewürfelt
200 g Zwiebeln, gewürfelt
3 Knoblauchzehen, gehackt
40 g Ingwer, in dünne Streifen geschnitten
1 – 2 Chilischoten, getrocknet oder frisch, gehackt
9 Kardamomkapseln
3 EL Kokosöl
200 g brauner Zucker
200 ml Apfelessig
1 TL Meersalz

Neun Kardamomkapseln im Mörser zerstoßen, dann äußere Schalen weitestgehend aussortieren.
Im Kokosfett die **Zwiebeln, Knoblauch, Ingwer** und **Chilischoten** für etwa 5 Minuten anbraten, bis die Zwiebeln anfangen zu bräunen. Die gewürfelten **Tomaten** dazugeben und 15 Minuten köcheln lassen. Wem die Konsistenz nicht fein genug ist, ein klein wenig pürieren, aber ruhig kleine Stückchen übrig lassen (also keine Suppe daraus machen!).
Dann **Zucker, Essig** und Salz unterrühren und für 25 - 30 Minuten einkochen, bis eine dickliche Konsistenz entsteht. Öfter umrühren, nicht anbrennen lassen! Danach den Kardamom zu den Tomaten geben.
Währenddessen die **Gläser sterilisieren:** Den Backofen auf 100 °C aufheizen und die Gläser für 10 Minuten reinstellen. Die Deckel in einem Topf mit Wasser 10 Minuten auskochen.
Das Chutney in die Gläser füllen (am besten mit Trichter oder Schöpfkelle) und sofort mit den Deckeln verschließen.

BIRNEN-PROVOLONE-CARPACCIO

Ich bin mir nicht sicher, ob Sterne-Köchin Anna Sgroi auch Provolone für dieses Carpaccio genommen hat, doch der Käse, den ich in ihrem Restaurant in Hamburg rausgeschmeckt habe, kam dem sehr nahe. Wahrscheinlich gibt es vom Provolone auch eine ganz edle Variante - dann hat sie bestimmt die gewählt. Nun, ein guter, schön kräftiger Pecorino täte es auch. Das Aroma des reifen Käses harmoniert perfekt mit der süßen Birne, mit etwas Olivenöl und Pfeffer. Mehr braucht es für diese kleine, feine Vorspeise nicht. Sehr zugute kam mir hier meine stufenlos verstellbare Reibe für die hauchdünnen Scheiben.

Zutaten: (1 Person)
½ Birne, reif und fest, ungeschält
1 Stück Provolone (oder ein ähnlicher reifer Käse)
Olivenöl
Pfeffer
Sprossen
Haselnüsse, geröstet und gehackt

Birne in hauchdünne Scheiben hobeln, ebenso die gleiche Menge **Käse**, auf einem Teller übereinander oder nebeneinander schichten, mit sehr gutem **Olivenöl** beträufeln und pfeffern. **Sprossen** und **Haselnüsse** darüber streuen.

GRÜNER SPARGEL GEGRILLT MIT CHIMICHURRI

Zutaten: (6 Personen)
24 Spargelstangen, grün
Ziegenfrischkäse (eingelegt) oder Feta
Oliven
Meersalz
Pfeffer

Chimichurri:
1 Bund Petersilie
1 TL Oregano, getrocknet
3 Knoblauchzehen, gehackt
1 Chilischote, frisch
Salz
Pfeffer
4 EL Olivenöl
Zitronensaft

Ich esse grünen Spargel ab und zu ganz gerne, bisher am liebsten kurz gedünstet und mit Parmesan bestreut. Auf Dauer wird das aber doch eintönig. Gut, man kann ihn in Risotto schnippeln oder in ein Thai-Curry, aber so ganz solo ... Dann bin ich irgendwann in der New York Times über ein Rezept mit gegrilltem, mariniertem Spargel gestolpert, dazu Feta und Oliven. Das hat mich gelockt. Anstelle von Feta habe ich den etwas milderen, mit Kräutern, Knoblauch und Olivenöl selbst angemachten Ziegenfrischkäse genommen, aber das ist nicht entscheidend. Grüner Spargel schmeckt gegrillt anders, das leicht Angetrocknete und Angekohlte passt wunderbar und macht ihn interessanter. Chimichurri, eine scharfe Petersilien-Knoblauch-Marinade aus Argentinien, ist schnell hergestellt und passt super dazu.

Spargel im unteren Drittel schälen, die Enden abschneiden.
Unter dem Grill auf höchster Stufe ein paar Minuten garen, bis er Farbe bekommt.
Bei mir dauert das 6 Minuten (jeder Ofen ist anders). Er sollte dann noch etwas Biss haben.
Auf einem Teller anrichten. Mit Salz und Pfeffer würzen.
Dann mit **Chimichurri** beträufeln, **Käse** und **Oliven** darauf verteilen.

CHIMICHURRI:

Petersilie mit einem Messer klein hacken.
In einer Schüssel mit **Oregano**, etwas klein gehackter frischer **Chilischote**, **Knoblauch** und Olivenöl vermischen und mit Salz, Pfeffer und **Zitronensaft** abschmecken.

LAUWARME KIRSCHTOMATEN MIT SCHNITTLAUCH

Man glaubt nicht, wie gut diese Tomaten schmecken, bis man einen Löffel davon im Mund hat und die erste Frucht auf der Zunge platzt. So einfach? So wahnsinnig gut.
Wichtig ist, gute, reife Tomaten zu nehmen und gutes Olivenöl. Mit Balsamessig wird das Ganze rund und lecker. Dazu gibt es geröstete Brotscheiben, die man in die lauwarme Sauce dippt, bis kein Tropfen mehr davon übrig ist.
Als Vorspeise bestens geeignet und im Handumdrehen zubereitet. Passt auch wunderbar auf einen Teller mit Mozzarellascheiben.

Zutaten:
(1 – 3 Personen)
300 g Kirschtomaten, davon die Hälfte halbiert
1 Schalotte, ganz fein gehackt
3 EL Olivenöl
1 EL Balsamessig
Fleur de Sel
Pfeffer
Schnittlauch

Die **Schalotte** in 4 Minuten bei mäßiger Hitze in 1 EL Olivenöl in einem kleinen Topf garen. Dann die **Tomaten** dazu und weitere 4 Minuten leise köcheln lassen. Mit einem Löffel die Tomaten leicht zerdrücken, das restliche Öl und den Essig untermischen, mit Salz und Pfeffer würzen. **Schnittlauchröllchen** darüber verteilen.

SIZILIANISCHE CAPONATA MIT ROSINEN

Caponata hört sich für das ungeübte Ohr vielleicht eher wie etwas zum Anziehen an. Aber nein, tatsächlich handelt es sich hier um ein typisch sizilianisches Gericht, das vorwiegend aus Auberginen und Tomaten besteht, dazu je nach Vorliebe oder Region mit Knoblauch, Zwiebeln, Oliven, Paprika, Fenchel und Sellerie geschmort und mit Mandeln oder Pinienkernen bestreut wird.
Das Besondere an der Caponata ist ihre süßlich-saure Note, weil sie sowohl mit Rosinen (oder Zucker) als auch mit etwas Essig gewürzt wird. Nicht vordergründig, sondern eher subtil und überraschend sind die pikanten und zugleich süßen Geschmacksmomente.
Caponata wird als Vorspeise mit Brot gegessen oder als Beilage zu Pasta verwendet. Einfach wunderbar.

Die **Aubergine** wird längs in Scheiben geschnitten, die man 30 Minuten in kaltes, gesalzenes Wasser legt. Danach in Würfel zerkleinern.
In einem Schmortopf nicht zu wenig **Olivenöl** erhitzen, die Auberginenwürfel darin ungefähr 10 Minuten bei geschlossenem Deckel anbraten, ab und zu umrühren. Dann **Zwiebelwürfel** und **Selleriestücke** dazu geben, weitere 15 Minuten dünsten. Schließlich **Kapern, Rosinen, Tomaten, Oregano**, Salz und Pfeffer dazu und 15 Minuten bei kleiner Hitze weiter köcheln lassen. Nochmal abschmecken.
Nun Essig und Zucker hinzufügen und umrühren. Mit **Petersilie** würzen und mit den gerösteten **Pinienkernen** servieren. Das **Brot** dazu nicht vergessen!

Zutaten:
(4 Personen)
Olivenöl
1 Aubergine
1 Zwiebel, gehackt
3 Stangen Sellerie, in Scheiben geschnitten
2 EL Kapern
1 EL Rosinen
400 ml gestückelte Tomaten aus der Dose
1 Zweig frischer Oregano (alternativ: 1 TL getrockneter)
2–3 EL Balsamico
Meersalz
Pfeffer
1 TL Zucker
1 Bund Petersilie, gehackt
2 EL Pinienkerne, kurz in der Pfanne geröstet

AUBERGINEN-SALAT MIT ZITRONE UND PARMESAN

Ich liebe Vorspeisen. Wenn ich es recht bedenke, spielen sie aber nur im Restaurant eine Rolle oder wenn ich für Freunde koche. Zum Familien-Mittagessen gibt es sie eigentlich nicht. Leider. Da mutieren dann so kleine Gerichte wie dieser leckere Auberginen-Salat, den ich einmal bei einem renommierten Italiener probiert hatte, eher zum Abendessen, meistens für mich allein.
Gemüsesalate sind übrigens auch ideal zur Verwertung von Gemüseresten. Ich hatte in diesem Fall ein paar gebratene Auberginen-Scheiben von einem Pasta-Gericht übrig und musste sie dann natürlich nur noch klein schneiden. Mit Zitrone und Parmesan wird daraus ein frischer und schmackhafter Imbiss.

Zutaten: (1 Person)
½ Aubergine, Scheiben in Olivenöl gebraten
50 g Parmesan in grobe Stücke gehobelt
Zitronensaft
Chiliflocken
Fleur de Sel
Basilikum, frisch

Die gebratenen **Auberginen**-Scheiben in Würfel schneiden, in einer Schüssel mit **Zitronensaft**, Chiliflocken und Fleur de Sel abschmecken, mit Parmesan mischen und **Basilikum** darüber streuen.
Tipp: Dazu gibt es frisches **Ciabatta.**

COUSCOUS MIT PAPRIKA, GURKE UND STAUDENSELLERIE

An heißen Tagen ist dieses Gericht bei uns sehr beliebt. Es ist schnell zubereitet, lecker, man hat etwas zu kauen, und doch ist es schön leicht. Paprika, Gurke und Stangensellerie machen diesen Couscous-Salat angenehm knackig und verleihen ihm Geschmack. Auch gewürfelter Ziegenkäse macht sich gut dazu.

Couscous in einen Topf schütten, mit Gemüsebrühe und 1 TL Meersalz würzen und 300 ml kochendem Wasser übergießen. 10 Minuten quellen lassen. In der Zwischenzeit die **Paprika**, die **Gurke** und **Stangensellerie** in Streifen und dann kleine Stückchen schneiden. Zusammen mit der **Zwiebel**, den **Oliven** und der **Petersilie** unter den Couscous mischen und mit Olivenöl übergießen, noch einmal gut abschmecken. Gerne auch etwas mehr Petersilie verwenden, sie ist schön würzig.

Zutaten:
(4 Personen)
150 g Couscous
1 Spitzpaprika
1 Stange Staudensellerie
½ Gurke
1 Stück Rote Zwiebel, gewürfelt
10 Oliven
Petersilie
5 – 6 EL Olivenöl
Meersalz
1 EL Gemüsebrühe, gekörnt

TEIGTASCHEN MIT PIKANTER

Roti sind eine typisch sri-lankische Speise, die man tagsüber in vielen Garküchen bekommt. Ich selbst konnte dort leider keine probieren, weil sie entweder abends ausverkauft oder mit Fleisch bzw. Fisch gefüllt waren. Also habe ich das zu Hause nachgeholt, mit einer Füllung aus geriebenen Kartoffeln und Möhren und mit einer angenehmen Schärfe und guten Gewürzen versehen. Zwei Roti sind als Snack gut, für ein komplettes Essen reichen sie aber nicht aus. Ein Chutney passt perfekt dazu. Die Füllung kann auch jederzeit variiert werden: zum Beispiel mit klein gewürfelten Kartoffeln, Möhren und Erbsen. Der Kniff beim Teig ist, ihn ruhig etwas öliger zu machen, dann lässt er sich schön dünn verarbeiten. Und mit den Gewürzen mutig sein! Schmeckt prima.

Tipp: Als Vorspeise reicht die Menge für 3 Personen.

KARTOFFEL-FÜLLUNG

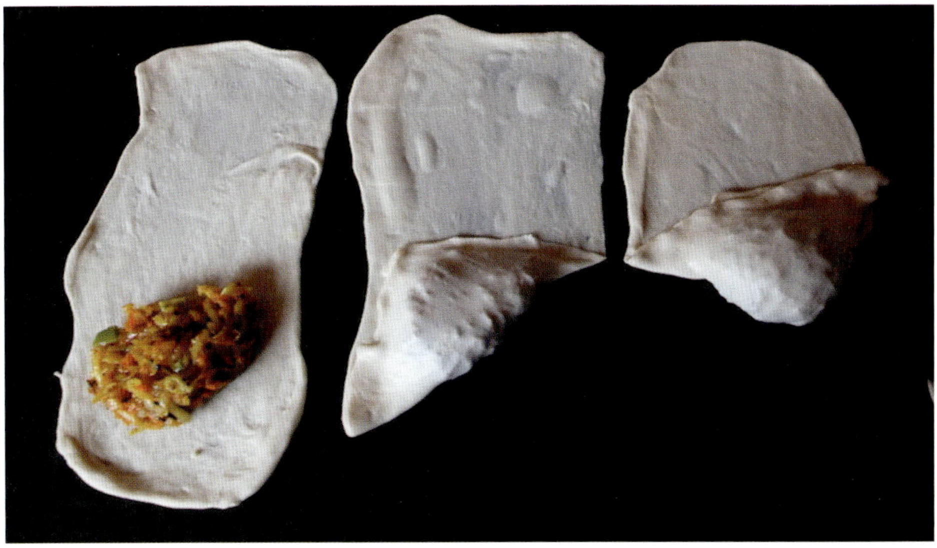

Teig füllen und falten

und in der Pfanne von allen Seiten bräunen

Zutaten:
(für 6 Stück)
Für den Teig:
200 g Dinkelmehl Typ 630
½ TL Meersalz
80 ml Wasser
4 – 6 EL Olivenöl

Für die Füllung:
150 g Kartoffeln, gerieben
80 g Möhren, gerieben
80 g Frühlingszwiebeln, fein geschnitten
1 EL Kokosöl
½ TL Senfsaat, schwarz
½ TL Koriander, gemahlen
½ TL Chiliflocken
5 – 6 Curryblätter s. Abb. (alternativ ½ TL Currypulver)
½ TL Kurkuma
½ TL Meersalz
3 – 4 EL Wasser
Fett zum Anbraten

Der Teig für die Roti ist leicht herzustellen und leicht zu verarbeiten. Allein beim Falten der Dreiecke muss man kurz aufpassen, doch selbst das ist nicht besonders knifflig.
Aus den Zutaten also einen geschmeidigen **Teig** kneten, der nicht mehr an den Händen klebt. Eventuell etwas Mehl hinzufügen. In sechs Teile teilen, mit den Händen ein wenig einölen und ruhen lassen.

In einer Pfanne das **Kokosöl** erhitzen, **Senfsaat** aufpoppen lassen, **Koriander**, **Pfeffer**, **Chili** und **Curry** dazu, kurz erhitzen, das zerkleinerte **Gemüse** darin anbraten und bei mäßiger Hitze 7 bis 10 Minuten dünsten. Falls es ansetzt, etwas Wasser zugeben. Immer wieder umrühren. Auskühlen lassen. Die Masse sollte nachher keine Flüssigkeit enthalten.

Nun die **Teigkugeln** zu Rechtecken im Verhältnis 1:3 der Seitenlängen ausrollen, maximal in einer Größe von 10 x 30 cm. Da sie ölig sind, ist der Teig elastisch und lässt sich leicht von der Arbeitsplatte lösen. Jeweils etwa 1 EL der **Füllung** auf ein Teigende setzen. Die Teigecke darüber zu einem Dreieck falten. Dieses Dreieck noch zweimal falten. Am Ende entsteht das fertige **Dreieck**, bei dem man die Seiten etwas zusammendrückt, alles noch einmal in Form bringt und vorsichtig platt drückt, um es dann in der Pfanne von allen Seiten anzubraten. Auch die Seiten sollten aufrecht stehend gebräunt werden.

BIRNEN-SAUERKRAUT-SALAT MIT LINSEN

Das ist einer dieser Salate – wobei Salat fast der falsche Begriff ist -, von denen man eine Gabel probiert und dann gar nicht mehr aufhört zu essen, bis der Teller leer ist. Vorausgesetzt, man mag Sauerkraut. Frischsauerkraut ist bestimmt noch gesünder, aber auch echt sauer, weshalb ich meines vorher mit reifen Birnen eingekocht habe. Dann wird es zum Genuss.
Einen Rest davon habe ich für diesen Salat benutzt, zimmerwarm, mit gekochten Beluga-Linsen bestreut, dazu frische Selleriestange mit Grün, Chilischote für etwas Schärfe und Birnenschnitze für eine fruchtige Komponente. Anschließend wird nur noch mit Kräutersalz und Olivenöl gewürzt.
Es bietet sich an, gleich eine größere Portion Beluga-Linsen zu garen und für eine Suppe, Bratlinge oder ein Nudelgericht zu verwenden.

Zutaten: (1 Person)
1 Rest Sauerkraut (frisch oder mit Birnen und Zwiebelschmalz eingekocht)
½ reife Birne, in Spalten geschnitten
1 Tasse gekochte Beluga-Linsen
1 Selleriestange mit Grün, in Scheiben geschnitten
Chilischote
Kräutersalz
Olivenöl

Sauerkraut, falls man nicht auf einen vorgekochten Rest zurückgreifen kann, mit geschälten, geviertelten **Birnen**, etwas Zwiebelschmalz und Olivenöl weich garen, vielleicht sogar etwas anbräunen und die Flüssigkeit verdampfen lassen. Das dauert etwa 10 Minuten bei höherer Hitze.

Auf einem Teller anrichten, mit gekochten **Beluga-Linsen** bestreuen, **Birnenspalten** dazwischen stecken, **Selleriescheibchen** und Grün darüber verteilen, Chilischote dazu und alles mit Kräutersalz würzen. Jetzt noch etwas Olivenöl darüber träufeln, fertig!

MARINIERTE GURKE MIT LABNEH

Labneh ist einfach ein Allround-Talent und kann wunderbar als Abwechslung zu Kräuterquark oder gewürztem Joghurt zu Gemüse oder Rohkost eingesetzt werden. Wie hier zu den marinierten Gurken, die mit dem milden Reisessig und nussigem Gomasio einen etwas asiatischen Touch bekommen. Das Labneh wird mit einem Löffel Tahini, etwas Salz und Zitrone abgeschmeckt – und ganz ehrlich: Es ist schneller aufgegessen, als ich das hier aufschreiben kann.

Zutaten: (1 Person)
200 g Griechischer Joghurt
½ EL Tahini
Meersalz
1 Spritzer Zitronensaft
½ Gurke
1 EL Reisessig
Meersalz
2 EL Sesamöl (alternativ: Olivenöl)
Gomasio (alternativ: Sesamsaat, geröstet)
Kräuter oder Sprossen zum Bestreuen

Den **Joghurt** in einem Sieb ca. 1 Stunde abtropfen lassen. So bekommt er mehr Substanz. Dann mit dem **Tahini**, Salz und Zitronensaft verrühren und abschmecken.
Die **Gurke** der Länge nach vierteln und in dünne Scheiben schneiden. In einer Schüssel mit Reisessig und Salz marinieren. Das Labneh mit einem Esslöffel in eine flache Schüssel streichen und die Gurken darüber verteilen. Sesam, Öl und Kräuter dazu.

GOMASIO: Diese Mischung aus geröstetem Sesam und Salz ist mit seinem unvergleichlich nussigen Aroma einfach super. Geeignet für Wok-Gerichte, Dips, Salate und vieles andere. Dafür einfach eine Packung **Sesam** in der Pfanne vorsichtig rösten, bis die Samen Farbe bekommen. Nicht anbrennen lassen. Mit etwas Meersalz vermischen und ausgekühlt in ein großes Glas mit Schraubverschluss schütten. So ist es stets einsatzbereit.

FEINER SPITZKOHL-SALAT MIT MÖHRE UND APFEL

Zutaten: (4 – 6 Personen)
1 Spitzkohl, mittelgroß
1 Möhre, geraspelt
1 Apfel, geraspelt
¼ – ½ Rote Zwiebel, ganz feine Streifen
½ Zitrone, Saft und Abrieb
Meersalz
1 Prise Piment d´Espelette (alternativ: Cayennepfeffer)
1 TL mildes Currypulver
1 Prise Kreuzkümmel, gemahlen
2 EL Olivenöl
2 EL Mayonnaise, vegan
2 EL Erdnüsse, gesalzen, geröstet
1 EL Schnittlauch, in Röllchen

Wer gerne Krautsalat mag, aber Weißkohl nicht so gut verträgt, kann es mit Spitzkohl probieren. Der ist feiner und lässt sich wunderbar als Salat verarbeiten. Dieser hier ist unaufdringlich mit etwas Curry gewürzt, super saftig, ein bisschen pikant und snackt sich leicht weg. Ich mag ihn am liebsten noch knackig und lasse ihn daher nur kurz durchziehen. Er eignet sich als Vorspeise oder auch zum Abendbrot mit frischem Ciabatta oder deftigem Roggenvollkornbrot.

Den **Spitzkohl** vierteln und die Strünke herausschneiden. Den Rest in dünne Streifen schneiden. Mit etwas Salz bestreuen und mit den Händen gut kneten, bis er weich ist.
In einer Schüssel mit geraspelter **Möhre** und **Apfel** vermischen. Die **Zwiebelstreifen** locker unterheben.
Für die **Sauce** Zitronensaft und Abrieb, Olivenöl, Mayonnaise, Kreuzkümmel, Curry und Piment d´Espelette miteinander verrühren und über dem Gemüse verteilen. Mit **Schnittlauch** und **Erdnüssen** bestreuen. Kurz ziehen lassen.

PAPAYA-SALAT MIT HOT HONEY UND ERDNÜSSEN

Schenkt man einschlägigen Quellen Glauben, so sind Papayas wahre Wunderfrüchte: Sie sind kalorienarm, ihre Enzyme wirken fettabbauend, antioxidativ, entzündungshemmend und was man sich sonst noch so wünscht. Außerdem schmecken sie wirklich sehr erfrischend - vorausgesetzt, man beträufelt sie mit Limette. Ohne den Saft der Zitrusfrucht finde ich persönlich sie eher langweilig. Also Papaya gleich immer mit Limette kaufen.
Besonders gut schmeckt mir die scharfe Variante, die ich sogar schon zum Frühstück essen kann. Dafür nutze ich meinen Hot Honey, der ansonsten eher unberührt bleibt, weil er lange auf den Lippen nachbrennt. **Hot Honey** kann man ganz leicht selbst herstellen, wenn man zum Beispiel aus Versehen eine nicht genießbare, viel zu scharfe Chilischote erwischt hat. Man legt sie einfach in ein Gläschen mit Honig ein und wartet ab (bei mir waren das weniger als 24 Stunden, die Chilischote hatte aber auch Schärfegrad 9 oder 10, war also gnadenlos scharf).

Zutaten: (1 – 2 Personen)
½ Papaya, Kerne entfernt
½ Limette, Saft
Hot Honey (Menge nach Geschmack)
alternativ: Honig und Chiliflocken
1 – 2 EL Erdnüsse, geröstet und gesalzen

Papaya schälen, längs halbieren und in dünne Scheiben schneiden. Auf einem Teller anrichten. Mit **Limettensaft** beträufeln, dann **Chili mit Honig** (oder Hot Honey) und mit den Erdnüssen darüber verteilen.

BUNTER SCHWARZE BOHNEN-SALAT

Proteine, Vitamine, Ballaststoffe und viel Geschmack: Dieser Salat von gekochten Schwarzen Bohnen und diversen Rohgemüsen ist schnell zubereitet und auch farblich ein Augenschmaus. Die Schwarzen Bohnen sollten am Vorabend eingeweicht werden und müssen dann noch etwa 1 Stunde köcheln, um gar zu werden.
Wir hatten von den Tacos vom Vortag noch gekochte Bohnen übrig (sie halten sich im Kühlschrank ein paar Tage frisch) und haben sie in diesen leckeren, gesunden Salat verwandelt. Die Apfelscheiben geben ihm ein schön fruchtiges Aroma, Paprika, Möhren und Radieschen den Biss. Dazu passen geröstete Brotscheiben.

Zutaten: (1 – 2 Personen)
200 g Schwarze Bohnen, gekocht (100 g getrocknet)
½ Apfel, in halbierte Scheiben
3 Radieschen, in Scheiben
1 kleine Paprika, in halbierte Streifen
1 Möhre, in Stifte
¼ Rote Zwiebel, in dünne Streifen
½ Knoblauchzehe
2 EL Olivenöl
1 TL Honig
1 EL Zitronensaft
1 EL Balsamessig
Meersalz, Pfeffer
Petersilie und Schnittlauch zum Bestreuen

Für das **Dressing** Zitronensaft, Olivenöl, Honig, Balsamessig und den durchgequetschten Knoblauch verrühren und mit Salz und Pfeffer abschmecken.
Die **restlichen Zutaten** in einer Schüssel vermischen und mit dem Dressing beträufeln, gut umrühren und ein paar Minuten ziehen lassen. Eventuell noch einmal mit Essig, Salz und Pfeffer nachwürzen. Mit den Kräutern bestreut servieren.

NUDELSALAT MIT KRÄUTERN

Ein frisch gemachter oder vielleicht schon etwas durchgezogener Nudelsalat ist vor allem auch bei sommerlichen Temperaturen immer eine gute Mahlzeit. Angereichert wird er mit milden Erbsen und Mozzarella, aromatisiert mit einer Paste von gutem Olivenöl, Knoblauch und würzigen Gartenkräutern wie etwa Rucola, Schnittlauch, Petersilie und Basilikum. Chilischote macht ihn noch etwas pikanter.

Nudeln nach Packungsanleitung in Salzwasser al dente kochen, in einem Sieb abgießen und danach in einer Schüssel mit etwas Olivenöl vermischen, damit sie nicht aneinander kleben.
Die **Erbsen** 4 Minuten in kochendem Wasser garen, abgießen und mit kaltem Wasser abschrecken.

Die **Kräuter**, **Knoblauchzehen** und **Chilischote** mit Olivenöl, etwas Salz, Pfeffer, **Zitronensaft** und -abrieb mit einem Pürierstab zu einer Paste verarbeiten. Nochmals abschmecken. Die Nudeln zuerst mit der Kräuterpaste vermischen, dann **Erbsen** und **Mozzarella** unterheben und mit den **Pinienkernen** bestreuen.

Zutaten: (4 Personen)
250 g Nudeln (z.B. Conchiglie)
250 g Mozzarella, in Würfel geschnitten
200 g Erbsen (TK)
1 üppiger Bund gemischte Kräuter (Rucola, Petersilie, Basilikum)
2 Knoblauchzehen
2 Frühlingszwiebeln, fein geschnitten
1 Stück Chilischote
½ Zitrone, Abrieb und Saft
8 EL Olivenöl
3 EL Pinienkerne, geröstet
Meersalz
Pfeffer

FRANZÖSISCHER KARTOFFELSALAT

Ein Kartoffelsalat, der ganz nach Sommer schmeckt. Er ist edel im Aroma, die Kräuter geben Frische, Rucola ein wenig Schärfe, Bohnen und Eier fügen sich wunderbar ein und mildern die Vinaigrette ab. Hier sollte man nicht zu zaghaft sein mit dem Senf.

Kartoffeln in Wasser gar kochen. Wenn man sie anfassen kann, pellen und in Scheiben schneiden.
Grüne Bohnen kurz blanchieren (sie sollten bissfest bleiben), in kaltes Wasser legen, durch ein Sieb abgießen, abtropfen lassen.
Für die Vinaigrette die **Knoblauchzehe** mit etwas Salz zermusen und und in einer Schüssel so lange mit Öl, Essig, Senf verrühren, bis die Sauce schön cremig und gelb wird. Die noch warmen Kartoffelscheiben mit den **Kräutern** und **Frühlingszwiebeln** vermischen, etwas ziehen lassen und währenddessen die **Eier** hart kochen.
Den Kartoffelsalat noch einmal abschmecken, mit Pfeffer würzen und die **Bohnen** und den **Rucola** unterheben. Mit Eiern garniert servieren.

Zutaten: (4 Personen)
100 g Grüne Bohnen, entstielt und halbiert
600 g Kartoffeln (z. B. La Ratte)
1 Knoblauchzehe
4 EL Olivenöl
1 EL Weinessig
2 TL Dijon-Senf
Salz
Pfeffer
1 Frühlingszwiebel, in dünne Ringe geschnitten
frische Petersilie, Basilikum, Thymian, klein gehackt
2 Eier
1 Bund Rucola

GEMÜSE & HÜLSENFRÜCHTE

DER LANGE WEG ZUM BROKKOLI

Es war weder Liebe auf den ersten Blick, noch auf den zweiten, meine Beziehung zum Brokkoli gleicht eher einer Zwangsvermählung, bei der die anfängliche Abneigung dann doch einer gewissen Wertschätzung gewichen ist und nun einen hinreißenden, vielleicht vorläufigen Höhepunkt erreicht hat. Und der ganze Aufwand nur, weil Italien in Norddeutschland einziehen sollte.
Mein Garten beherbergt bereits beste venezianische Tomaten, Artischocken, *Puntarelle*, Rucola, *Radicchio di Treviso* - nur eben keine *Cime di Rapa*. Obwohl ich darüber eigentlich gar nicht traurig sein müsste, denn es handelt sich hier lediglich um eine schlanke, italienische Schwester des Brokkoli, den wir sowieso eher als notwendiges Übel betrachten. Brokkoli nimmt man in Kauf, weil er so wahnsinnig gesund und reich an allem ist. Er wird in homöopathischen Mengen auf diverse Gerichte verteilt: Minestrone, Thai-Curry, Wok-Gemüse, Nudelgerichte.
Die Samen für die *Cime di Rapa* lagen eines Tages einer Lieferung italienischen Saatguts als Geschenk bei. Natürlich habe ich sie ausgesät, was sollte ich sonst damit tun? Zwei Jahre lang habe ich vergeblich versucht, etwas aus ihnen herauszuholen. Mehr als ein paar mickrige, dünne Stängel wurden nicht daraus. Vielleicht hat sich mein innerer Widerstand auf ihr Wohlbefinden ausgewirkt. Vielleicht war ich auch zu halbherzig bei der Sache und insgeheim froh über ihr frühzeitiges Ableben.
Dann haben sich meine gärtnerischen Ambitionen entweder komplett verselbständigt oder ich war in einem Zustand geistiger Umnachtung, als ich im Frühjahr sechs gekaufte, vorgezogene Brokkoli-Pflänzchen ins Hochbeet gesetzt habe, die zu wahren Giganten herangewachsen sind.
Es ist so ähnlich, wie wenn man weiß, dass sich unvermeidbarer Besuch einstellen wird, aber solange die Augen davor verschließt, bis er vor der Tür steht. Und dann blickten mich wunderschöne, geradezu elegante Brokkoliköpfe an. Insgesamt an die vier Kilo. Ich musste mich der Realität stellen. Es gibt genau ein Brokkoli-Gericht, bei dem ich mir sicher bin, dass es alle mögen: Jörgs Brokkoli Flan, gerne auch als Vorspeise für Gäste zubereitet. Nur müsste ich jetzt ungefähr 65 Gäste bekochen oder zwei Wochen lang Flan essen, um die Ernte zu verbrauchen. Das ist auch nicht unbedingt das, wovon man träumt.
Mein erster Gedanke: Erstmal ab ins Tiefkühlfach und die Entscheidung vertagen, doch zum Glück fehlt da der Platz. Und wegwerfen kommt schon aus Prinzip nicht infrage.
Also habe ich angefangen, ihn anders zu behandeln, nicht mehr zu dünsten, sondern zu rösten und mit Chili und Nüssen zu kombinieren. Plötzlich eröffnen sich neue Brokkoli-Erlebniswelten.
Hinter mir liegen nun zwei Wochen mit Brokkoli. Ich beginne ihn zu schätzen. Das neue Highlight: Brokkoli-Bällchen mit gerösteten Mandeln. Auf dieses Rezept bin ich wirklich stolz. Selbst beim zweiten Mal waren sie schnellstens verputzt.
Hoffentlich gedeiht *Brassica rapa* im kommenden Jahr wieder so gut. Ab jetzt ist er willkommen.

BROKKOLI-FLAN

Brokkoli ist ja häufig ein recht ungeliebtes Gemüse. Aber als Flan kommt er dann doch etwas feiner daher und mausert sich zu einer schönen Vorspeise. Ich würde mal behaupten, dass genau dieses Rezept meinen Kindern den Schrecken vor Brokkoli genommen hat.
Ich verdanke es übrigens einem Freund und leidenschaftlichen Hobbykoch, der den Flan auch aus Möhren, Steckrüben und allen anderen möglichen Gemüsesorten zubereitet. Er gießt gerne eine *Velouté* darüber, also eine Mehlschwitze, verfeinert mit Gemüsefond und Sahne. Das schmeckt gut, aber gebräunte Butter tut es unter Umständen auch.

Man benötigt: 4 – 5 Timbaleförmchen (1/8 l) oder stabile Tassen, weiche Butter zum Einfetten, evtl. etwas gebräunte Butter sowie **Basilikum** und **Parmesan** zum Bestreuen.
Backofen auf 200°C (Umluft) vorheizen. Am besten gleich zu Beginn eine Auflaufform für das Wasserbad hineinstellen, die 4 oder 5 Förmchen dazu, und die Auflaufform bis zur Hälfte mit heißem Wasser aufgießen. In jedes Förmchen ein wenig Butter hineingeben und mit einem Pinsel verteilen, sobald sie zerfließt.

Brokkoli geputzt abwiegen, in kleine Stücke schneiden und mit der zerkleinerten **Schalotte** in der Butter andünsten. Gemüsebrühe dazu geben und 5 Minuten garen, dann mit dem Pürierstab fein zermusen. Mit **Sahne** und **Eiern** verrühren und mit Salz, Muskat und Pfeffer abschmecken.
Das Püree in die Förmchen füllen und 20 – 25 Minuten backen. Heiß stürzen und mit etwas gebräunter Butter als Vorspeise reichen. Mit **Basilikum** garnieren und eventuell mit etwas Parmesan bestreuen.

Zutaten:
(4 – 5 Personen)
300 g Brokkoli
1 Schalotte
15 g Butter
4 EL Gemüsebrühe
2 Eier
5 EL Sahne
Salz
Pfeffer
Muskat

KÜRBIS-FLAN MIT PARMESANCREME

Diesen Kürbisflan habe ich aus dem ligurischen Hinterland aus der kleinen, feinen *Osteria Paolomaria* mitgebracht. Sie wird schon in der vierten Generation geführt, die Speisekarte ist nicht besonders umfangreich, wechselt aber regelmäßig und hat mich bisher immer begeistert. Im Zweifel machen die Jungs auch ein vegetarisches Gericht extra. An einem Abend gab es Kürbisflan als Vorspeise und Risotto mit Rotwein als Hauptspeise. Als Dessert einen dünnen Schokokuchen mit Fleur de Sel. Dazu wunderbaren Wein …

Zutaten: (5 Personen)
300 g Kürbis (Hokkaido)
1 Schalotte, kleingeschnitten-
1 EL Butter
2 Eier
200 ml Sahne
50 g Parmesan, gerieben
½ TL Meersalz
1 Prise Piment d´Espelette
(oder Cayenne)
Muskat
Pfeffer

Für die Sauce:
½ Zitrone, Abrieb
Rosmarin, ganz fein gehackt
100 ml Sahne
50 g Parmesan, gerieben

Außerdem:
5 Timbaleförmchen (1/8 l) oder stabile Tassen
weiche Butter zum Einfetten

Backofen auf 200°C (Umluft) vorheizen. Ich stelle gleich zu Beginn eine Auflaufform für das Wasserbad hinein, setze die 5 leeren Förmchen hinein und fülle die Auflaufform bis zur Hälfte mit heißem Wasser auf. In jedes Förmchen ein wenig Butter hineingeben und mit einem Pinsel verteilen, sobald sie zerfließt.
Kürbis in kleinere Stücke schneiden, dann mit etwas Wasser 10 Minuten bei geschlossenem Topf weich dünsten. In einem Sieb ausdampfen lassen.
Die zerkleinerte **Schalotte** in der Butter andünsten. Kürbis dazu geben, dann mit dem Pürierstab zermusen. Mit **Sahne** und den **Eiern** gut verrühren und mit Salz, **Parmesan**, Piment d´Espelette, Pfeffer und Muskat abschmecken.
Das Mus auf die gebutterten Förmchen verteilen und im Wasserbad im Ofen 20 – 25 Minuten garen.
Für die Sauce die **Sahne** in einem kleinen Topf kurz aufkochen lassen, Hitze reduzieren, dann den **Parmesan** vorsichtig hineinrühren, sodass er schmilzt, und mit **Zitronenabrieb** und Pfeffer abschmecken.
Die Förmchen auf Teller stürzen und mit etwa 1 EL der Parmesancreme übergießen. Etwas **Rosmarin** darüber streuen und servieren.

PARMIGIANA MIT ZUCCHINI

Es gibt eine Reihe wirklich guter Zucchini-Rezepte. Wichtig ist, Früchte auszuwählen, die frisch, fest und glänzend sind, und sie zügig zu verarbeiten. Zucchini eignen sich nicht als Lagerware, weil sie dann unangenehm bitter werden.
In Italien benutzt man auch gerne Zucchini für eine Variante der klassischen Parmigiana. Kürzlich habe ich sie bei meiner Freundin Tini gegessen. Lecker! Die Scheiben werden in Öl kurz gebraten, dann mit Tomatensugo, Mozzarella und Parmesan geschichtet. Der Auflauf schmeckt frisch schon wunderbar – und am nächsten Tag sogar noch besser. Man kann ihn auch lauwarm oder kalt genießen.

Für den **Sugo** etwas Olivenöl in einem Topf erhitzen und die Zwiebeln darin garen, bis sie anfangen hell zu bräunen. Dann die Tomaten-Passata, die Hälfte vom Basilikum, wenig Wasser und etwas Meersalz hinzufügen und 30 Minuten köcheln lassen. Noch einmal abschmecken.
Währenddessen die **Zucchini** in 0,5 cm dünne Scheiben schneiden. Das geht am besten mit einem verstellbaren Hobel. Diese dann in Mehl wenden und portionsweise in heißem Bratöl in der Pfanne von beiden Seiten kurz goldgelb anbraten. Auf einem Küchenkrepp abtropfen lassen.
Sind diese Vorbereitungen getroffen, werden die Zutaten in die Auflaufform geschichtet. Bei mir ergeben sich 3 Zucchinischichten. Man beginnt mit etwas Tomatensugo, legt dann die erste Schicht **Zucchinischeiben** eng an eng darauf, verteilt deckend wieder etwas von der **Tomatensauce**, dann **Mozzarellawürfel**, Parmesan und Pfeffer, die zweite Schicht Zucchini, Tomatensauce, Käse, Pfeffer usw., bis alles aufgebraucht ist.
Im vorgeheizten Ofen bei 200° C Umluft den Auflauf für 25 Minuten garen. Herausnehmen, 5 Minuten auskühlen lassen und mit Basilikum bestreut servieren.
Dazu: geröstetes Brot oder Ciabatta.

Zutaten:
(4 Personen)
500 g Tomaten-Passata
500 g Zucchini
1 Zwiebel, klein gewürfelt
1 Handvoll Basilikumblätter
250 g Mozzarella, gewürfelt
60 g Parmesan, gerieben
Olivenöl
Bratöl
Mehl zum Panieren
Meersalz
Pfeffer

PIKANTE BROKKOLI-BÄLLCHEN MIT MANDELN

Zutaten:
(12 Bällchen)
300 g Brokkoli
1 Knoblauchzehe, gehackt
1 Zwiebel, gehackt
Butter
1 TL Kreuzkümmel
1 TL Kurkuma
1 TL Curry
Chili aus der Mühle
Meersalz
Pfeffer
1 EL verschiedene Kräuter (Thymian, Rosmarin, Basilikum)
100 g Mandeln, gemahlen
100 g Emmentaler, gerieben (alternativ: Parmesan)
1 Ei
50 g Mandeln, gemahlen zum Wälzen

Ich bin ganz stolz: Mein langer Weg zum Brokkoli hat mich auf diese Bällchen gebracht, die ich gut mit Kurkuma, Kreuzkümmel und Chili gewürzt habe und die durch die gemahlenen Mandeln im Teig ihre Substanz und ihren Biss bekommen.
Man kann die Bällchen auch ungeniert Gästen vorsetzen: als Snack, als Beilage, als Hackbällchen-Ersatz. Alle werden den – sonst so verschmähten – Brokkoli hinreißend finden.

Den **Brokkoli** von der Blüte her in feine Streifen schneiden, sodass alles relativ kleinteilig zerfällt. Eventuell den Strunk noch einmal vierteln.
Brokkoli, **Zwiebel** und **Knoblauch** in einer schweren Pfanne mit Butter anrösten. Mit Kurkuma und Kreuzkümmel, Curry, Chili und Salz würzen. Die **Kräuter** dazugeben. Wenn man abschmeckt, sollte der Kreuzkümmel präsent sein. Falls die Gewürze am Topfboden ansetzen, esslöffelweise etwas Wasser hinzufügen. Nach 10 Minuten ist alles gar.
In einer Schüssel die Brokkolimischung (idealerweise etwas abgekühlt) leicht pürieren, **Ei, Käse** und **Mandeln** untermischen und falls nötig mit Salz und Pfeffer nachwürzen. Der Teig ist relativ weich.
Mit einem Esslöffel Bällchen abstechen, mit den Händen formen und in eine Schüssel mit den Mandeln plumpsen lassen und darin wälzen.
Währenddessen in einer Pfanne Bratöl erhitzen und die Bällchen darin von allen Seiten bräunen lassen. Auf einen Teller legen. Die **Mandelplättchen** in der Pfanne – eventuell mit zusätzlicher Butter – rösten und über die Bällchen verteilen.

AUSTERNPILZE MIT PARMESANKRUSTE UND STAMPF

Kein Mensch braucht Schnitzel, denn diese Austernseitlinge mit Parmesankruste schmecken hundertmal besser. Sie sind innen schön saftig und außen so richtig knusprig, da ich hier Pankobrösel gewählt habe. Das macht tatsächlich einen Unterschied. Die Panade ist ohne Ei gemacht, das geht tadellos. Weil die Pilze so gut schmecken, kann man die Menge auch erhöhen, im Nachhinein muss ich sagen, dass die hier wohl etwas knapp (eher für 3 Personen) bemessen war.
Für den Stampf habe ich Kartoffeln und Petersilienwurzel genommen, die ihn etwas süßlich macht und darüber hinaus viel Kalzium, Eisen und Vitamin C enthält, und mit Knoblauch und Petersiliengrün aromatisiert. Ein delikates Essen!

Zutaten: (3-4 Personen)
500 g Kartoffeln, geschält
1 Petersilienwurzel, groß, geschält
50 g Butter
2 Knoblauchzehen
2 EL Petersilie, gehackt
Meersalz
Muskat
Pfeffer
250 g Austernpilze
5 EL Pankobrösel
5 EL Parmesan, gerieben
Mehl
(Hafer-) Milch
Bratöl

Die **Kartoffeln** und **Petersilienwurzel** in kleinere Stücke schneiden und in einem Topf mit Salzwasser für ca. 10 – 12 Minuten weichkochen. Wasser abgießen, Gemüse im Topf lassen und die Butter darauf legen.
In einer Schale **Pankobrösel** und **Parmesan** mischen. Die **Austernpilze** zuerst in einem Schälchen mit **Mehl** wenden, dann in ein Schälchen mit **Milch** tunken und schließlich in der Brösel-Parmesan-Mischung wenden, sodass sie überall gut bedeckt sind. Auf ein Küchenbrett legen. Wenn alle fertig sind, nochmals mit etwas Salz bestreuen. In einer Pfanne nicht zu wenig Bratöl erhitzen. Darin die Austernpilze von beiden Seiten schön knusprig braun anbraten. Währenddessen mit einem Pürierstab das Gemüse im Topf inklusive **Knoblauchzehen** pürieren. Mit Salz, Muskat und Pfeffer gut abschmecken und die **Petersilie** untermischen.

SCHMORGEMÜSE AUS DEM OFEN

Dieses Gericht habe ich in Italien öfter gekocht, da es - gerade für Gäste - gut vorzubereiten und zu Kartoffelpüree (siehe Rezept Austernpilze) wirklich ein Genuss ist. Frisches Gemüse vom Markt, Basilikum und Oliven schmoren für 2 Stunden bei geringer Temperatur im Ofen. Slow food sozusagen. Es wird unwiderstehlich zart, ohne zu zerkochen. Was es notgedrungen an Farbe verliert, gewinnt es aber an Aroma … Von Vorteil ist ein Schmortopf, in dem das Gemüse dann im eigenen Saft garen kann. Und wirklich gutes Olivenöl!

Zutaten: (4 Personen)
1 Rote Zwiebel
2 Knoblauchzehen
1 kleine Aubergine, klein gewürfelt
2 Möhren, klein gewürfelt
1 feste Zucchini, in kleine Stücke
1 rote Spitzpaprika, in kleinere Stücke
½ gelbe Paprika, in kleinere Stücke
2 Ochsenherz-Tomaten, in kleinere Stücke
1 Handvoll Basilikum
3 EL gute Oliven
Meersalz
Olivenöl

Reichlich Olivenöl in den Schmortopf geben und darin **Zwiebel, Knoblauch** und **Auberginenwürfel** kurz anbraten. **Restliches Gemüse** und **Basilikum** hinzufügen, etwas salzen, Deckel auflegen und vom Herd nehmen. Den Schmortopf in den auf 120° C Umluft aufgeheizten Ofen stellen und Gemüse 2 Stunden garen.

Vorher / Nachher

BLUMENKOHL-FRITTER

Wie gesagt, Blumenkohl kann schon wirklich langweilig sein. Früher gab es ihn immer mit Sahnesauce, dazu Kartoffeln oder Kräuterflädle. Für Kinder genau das Richtige. Zumindest eine Weile. Der Langeweile kann man aber mit guten Gewürzen begegnen, oder einfach Fritter aus dem blassen Gemüse herstellen, also in der Pfanne gebackene Küchlein. Dies ist ein italienisches Rezept und absolut empfehlenswert. Ich habe hier jeweils die Hälfte eines kleinen Blumenkohls und Romanescos benutzt. Auf keinen Fall den Senf (!) bei den Zutaten vergessen. Geeignet nicht nur für Kinder, auch für kritische Ehemänner.
Dazu: gemischter Salat und Kräuterquark.

Zutaten: (ca. 10 Fritter, 2 – 3 Personen)
½ Blumenkohl, in Röschen
2 Frühlingszwiebeln, klein gehackt
1 Bund Petersilie, gehackt
2 Eier
2 EL Mehl Typ 550
2 EL Käse, gerieben (hier: Fontal)
1 EL Senf
Meersalz
Pfeffer
Fett zum Ausbacken

Blumenkohl in einem Topf mit wenig Wasser 5 Minuten garen. Über einem Sieb abgießen und auskühlen lassen. In der Küchenmaschine klein häckseln oder mit einer Gabel zerdrücken. Mit allen anderen Zutaten in einer Schüssel vermischen und abschmecken.
Etwas quellen lassen und dann esslöffelweise den Teig in der Pfanne von beiden Seiten knusprig ausbacken.

SAFTIGE ZUCCHINI-FRITTATA MIT KRÄUTERN

Eine Frittata ist die italienische Antwort auf die spanische Tortilla und wird gerne mittags oder zwischendurch verspeist. Sie ist ideal, um Gemüse- oder Nudelreste zu verwerten, und die Rezepte sind entsprechend vielfältig. Wir haben die letzte Zucchini aus unserem Garten darin verarbeitet und schließlich mit vielen frischen Kräutern bestreut. Die Frittata wird zunächst in der Pfanne gebacken, kommt dann aber noch in den Ofen, damit sie fest wird.
Die Eiermasse wird durch Schmand, Ricotta und etwas Parmesan angereichert. Sie schmeckt angenehm mild aromatisch und wird schön saftig. **Dazu:** frisches Baguette.

Zutaten: (4 Personen)
8 Eier
2 mittlere Zucchini (oder 1 große), geraspelt
½ Zwiebel, klein geschnitten
2 Knoblauchzehen, klein geschnitten
100 g Schmand
4 EL Ricotta
2 EL Olivenöl
1 EL Butter
2 EL Parmesan, gerieben
Meersalz
Pfeffer
Kräuter, gehackt (Petersilie, Schnittlauch, Basilikum)
Zitronenabrieb

Backofen auf 180° C Umluft vorheizen.In einer gusseisernen oder beschichteten Pfanne **Olivenöl** auf mittlere Temperatur erhitzen und **Zwiebel** und **Knoblauch** darin in 5 Minuten garen, bis sie leicht bräunen.
Unterdessen die geriebene **Zucchini** in einem Sieb sorgfältig ausdrücken, sodass möglichst viel des Wassers entweicht und die Frittata nicht wässrig wird.
Die Zucchiniraspel zu den Zwiebeln in die Pfanne geben und weitere 5 Minuten brutzeln lassen, damit die Masse insgesamt noch trockener wird. Mit Salz und Pfeffer würzen. Das Gemüse in eine Schüssel umfüllen. Dann in der Pfanne die Butter schmelzen lassen. Die **Eier** in einem Gefäß mit dem **Schmand** verquirlen, zum Gemüse geben und etwas vermischen. Dann die Masse bei reduzierter Hitze etwa 10 Minuten stocken lassen, dabei ab und zu mit einem Pfannenwender vorsichtig durchrütteln. Das Ei sollte schließlich ungefähr die Konsistenz eines sehr flüssigen Rühreis haben. Den **Ricotta** auf der Eiermasse verteilen, **Parmesan** darüber streuen und für 15 Minuten in den Backofen stellen, sodass das Ei auch von oben und in der Mitte fest wird. Aus dem Backofen nehmen und 10 Minuten setzen lassen. Die **Kräuter** klein hacken, mit etwas **Zitronenabrieb** verfeinern und über die Frittata streuen.

TOMATEN MIT REIS-MOZZARELLA-FÜLLUNG

Diese gefüllten Tomaten haben den vollen Tomatengeschmack. Sie werden nämlich nicht einfach nur mit gekochtem Reis gefüllt, sondern der Reis wird mit dem Tomatenfleisch – ähnlich wie beim Risotto – gegart. Das schmeckt besonders gut. Der Mozzarella macht die Füllung schön cremig.
Je nach Geschmack kann man noch verschiedene Kräuter wie Petersilie oder Basilikum untermischen.

Zutaten: (4 Personen
12 größere Tomaten (ca. 7 cm Ø)
1 Zwiebel
1 Knoblauchzehe
4 EL Olivenöl
5 EL Arborio-Reis
1 Tasse Wasser
1TL Oregano, getrocknet
1 Prise Chiliflocken
5 Zweige glatte Petersilie
weitere Kräuter nach Belieben (Basilikum, Rosmarin …)
Meersalz
1 Mozzarella, in Würfel geschnitten

Tomaten-Deckel abschneiden und beiseitelegen und die **Tomaten ,** mit einem kleinen Löffel vorsichtig aushöhlen. Fruchtfleisch mit Saft und Kernen in einen Topf geben. Die klein geschnittene **Zwiebel** und **Knoblauchzehe** dazu, mit 1 TL Meersalz, Oregano, Chiliflocken und Olivenöl verrühren, dann alles mit dem Pürierstab fein pürieren.
Den **Reis** unterheben und bei kleiner Hitze 20 Minuten köcheln lassen. Dabei öfter umrühren. Bei zu wenig Flüssigkeit, etwas Wasser nachgießen. Die letzten 10 Minuten lasse ich den Reis bei geschlossenem Deckel nur noch bei geringster Hitze ausquellen, damit möglichst wenig Flüssigkeit übrig bleibt. Eventuell noch einmal abschmecken. Mit den **Mozzarella**-Würfelchen und der gehackten **Petersilie** vermischen.
Reismischung in die Tomaten füllen, Tomaten-Deckel drauflegen und in einer ofenfesten Form im Ofen bei 180° C Umluft 30 Minuten garen.

GRATINIERTER FENCHEL MIT TOMATEN UND PARMESAN

Ich esse Fenchel nicht oft, wahrscheinlich deshalb, weil ich ihn in der Regel für mich allein zubereiten muss. Dieses milde Gemüse lässt sich sehr gut mit Tomaten kombinieren. Mit etwas Sahne und Parmesan bekommt man dann eine leckere Sauce, die man am besten mit frischem Ciabatta verputzt.

Zutaten: (1 Person)
1 Fenchel , in Streifen
3 Tomaten, geviertelt
1 EL Butter
2 EL Sahne
2 EL Parmesan, gerieben
Meersalz

Butter in einem Topf zum Schmelzen bringen, dann **Fenchel** und **Tomatenstücke** hineingeben und bei geschlossenem Topf 7 Minuten dünsten.
Die **Sahne** hinzufügen, mit Salz abschmecken und in eine ofenfeste Form umfüllen. Den **Parmesan** darüber streuen und im Backofen kurz unter dem Grill gratinieren. Mit frischem **Ciabatta** servieren und in die Sauce dippen.

ROTE BETE-CURRY UND GRÜNE BOHNEN-CURRY

Ein Gruß aus der Küche Sri Lankas. Was für Farben! Welch herrlicher Geschmack, der durch die vielen Gewürze hervorgezaubert wird. Ich kann mich kaum entscheiden, ob mir das leuchtende Rote Bete-Curry oder die knackigen, scharfen Grünen Bohnen besser schmecken. Zwei neue Favoriten. Wer nicht glaubt, dass sich Rote Bete in Kokosmilch wunderbar entfaltet, sollte sich hiervon überzeugen lassen.
Das Grüne Bohnen-Curry, kurz angebratenes Gemüse mit Kokosnussraspel, nennt sich auch Mallum und ist eine sri-lankische Spezialität, die ich dort einmal versucht (!) habe zu essen, leider war es höllisch scharf. Dieses hier ist genau richtig scharf, nicht höllisch und deshalb für meinen Geschmack wunderbar. Das dosiert man einfach nach eigenem Gusto. Als Variante kann man anstelle von Grünen Bohnen zum Beispiel auch Weißkohl verwenden. **Dazu:** Basmatireis und Papadums.

Zutaten: (4 Personen)
Für das Rote Bete-Curry:
4 Rote Beten, am besten vorgekocht
1 EL Kokosöl
1 Rote Zwiebel, klein geschnitten
2-3 Knoblauchzehen, klein gehackt
½ – 1 Chilischote, in Streifen geschnitten
1 Lorbeerblatt
6 Curryblätter
1 TL Senfkörner, schwarz
½ TL Koriander, gemahlen
½ TL Zimt, gemahlen
½ TL Bockshornklee, gemahlen
1 ½ EL Tomatenmark
2 TL Kreuzkümmel
½ TL Kurkuma
Pfeffer
Meersalz
400 ml Kokosmilch
1 EL Zitronensaft

Für das Grüne Bohnen Curry:
300 g Grüne Bohnen, kurz blanchiert
1 EL Kokosöl
1 Knoblauchzehe, klein geschnitten
½ Chilischote, klein gehackt
½ TL Curry
1 EL Zitronensaft
Meersalz
3 – 4 EL Kokosraspel

Für das **Rote Bete Curry** in einem weiten Topf das Kokosöl erhitzen, die **Senfkörner** kurz bei hoher Hitze anbraten, bis sie anfangen zu platzen. Hitze etwas reduzieren, **Zwiebeln, Knoblauch, Tomatenmark,** Lorbeerblatt, Curryblätter, Chilischote und die restlichen Gewürze bis auf die Kurkuma für 5 - 6 Minuten mit andünsten. Erst jetzt folgt die Kurkuma. Ebenso werden nun die gehäutete und in halbe Scheiben geschnittene **Rote Beten** und die **Kokosmilch** hinzugefügt. Alles etwa 10 Minuten leise köcheln lassen. Am Schluss mit **Zitronensaft** abschmecken.
Für das **Grüne Bohnen-Curry** das Kokosöl in einem Topf erhitzen und die blanchierten Bohnen darin anbraten, bis sie Farbe bekommen. Jetzt **Zwiebel, Knoblauch** und Chilischote 1 Minute lang mit brutzeln, mit Curry würzen, **Kokosraspel** untermengen und 1 Minute mit erhitzen. Am Ende mit Salz und **Zitronensaft** abschmecken.

DHAL MIT BELUGA-LINSEN

Eine überaus köstliche Dhal-Variante mit den wunderbaren Beluga-Linsen. Mittlerweile esse ich diese von allen Linsen fast am liebsten. Sie zerfallen nicht und haben ein gutes Aroma.
Die Menge der Tomaten ist variabel, wünscht man ein etwas fruchtigeres Dhal (so habe ich es hier gemacht), nimmt man die ganze Dose. Das ist reine Geschmackssache. **Dazu:** Basmati-Reis.

Zutaten: (4 Personen)
250 g Beluga-Linsen
400 ml Tomatenstücke (Dose)
1 Zwiebel, in Streifen
2 Knoblauchzehen, klein gehackt
Ingwer, klein gehackt
Chili, klein gehackt
1 TL Koriander, frisch gemahlen
1 TL Kreuzkümmel, gemahlen
2 TL Kurkuma, gemahlen
1 TL (Madras-) Curry
40 g Butter
2 EL Crème fraîche
Meersalz
Petersilie, gehackt (alternativ: Koriander)

Die **Beluga-Linsen** nach Packungsanleitung kochen. Etwas mehr Wasser nehmen als angegeben, damit die Linsen nachher nicht ganz trocken sind. Nicht abgießen.
In einem Topf die Hälfte der **Butter** zerlassen und darin die **Zwiebelstreifen** etwas andünsten. Dann für eine Minute den **Knoblauch** und **Chili** dazu, die Gewürze darüber streuen und ebenfalls eine weitere Minute mit erwärmen, sodass sich ihr Duft ausbreitet.

Dann die **Tomaten** unterrühren und mit Salz abschmecken. 5 Minuten köcheln lassen, die Linsen hinzufügen und weitere 5 Minuten garen. Eventuell noch einmal abschmecken.
Schließlich die restliche Butter in die Mitte auf die Linsen legen und die Crème fraîche in Tupfen daneben verteilen. Den Deckel auflegen und 5 Minuten alles etwas schmelzen lassen. Mit einem Löffel locker eine Spirale drehen und die **Petersilie** darüber streuen.

SÜSS-SCHARFER PAPRIKA-TOFU MIT NAAN

Abwechslung ist auch in der Küche wichtig. Und gerade asiatische Gerichte schmecken eigentlich immer und sind relativ schnell zubereitet. Deshalb habe ich meine vielen Paprikaschoten in eine bereits bewährte, süß-scharfe Sauce gepackt, den Tofu vorher schön knusprig gebraten und dann untergemischt. Mit selbst gemachtem Naan oder Reis einfach perfekt.
Die einzige Schwierigkeit war hier mal wieder, vorher die Schärfe der frischen Chilischoten abzuschätzen. Aber mit einer roten klein geschnippelten und einer grünen ganzen Schote, die wir notfalls noch hätten herausangeln können, lagen wir richtig. Schön scharf eben.

Zutaten: (4 Personen)
400 g Tofu, in Würfel
Speisestärke
400 g bunte Paprika
1 Rote Zwiebel, in Steifen geschnitten
2 – 3 Knoblauch zehen, zerquetscht
1 Stück Ingwer, klein gehackt
1 rote Chilischote, klein gehackt
1 grüne Chilischote, aufgeschlitzt
2 TL Kreuzkümmel, gemahlen
3 TL Honig
2 EL Tomatenmark
2 EL Sojasauce Tamari
Pfeffer
Meersalz
Bratöl
1 Frühlingszwiebel, in Röllchen
Tipp: 2 TL Tamarindenpaste, wer das vorrätig hat

Naan-Rezept s. S. 51

Mit dem Naan beginnen, siehe dazu Rezept „Curry-Kartoffeln mit Gurkenjoghurt und Naan", **Seite 51.**
Für das **Paprika-Tofu-Gemüse** zuerst die **Tofuwürfel** mit Stärke bestäuben. In einem Schmortopf reichlich Bratöl erhitzen und darin die Tofuwürfel von allen Seiten knusprig anbraten. 1 Blatt Küchenrolle in ein Sieb legen und die Tofuwürfel dort parken. Überschüssiges Fett bis auf 2 EL abgießen.
In dem Topf nun die Zwiebeln mit Kreuzkümmel zugedeckt für etwa 10 Minuten weich schmoren. Dann **Knoblauch, Ingwer** und **Chili** zugeben und weitere 5 Minuten schmoren.
Das **Tomatenmark**, Honig, Sojasauce, evtl. **Tamarinde**, Salz, Pfeffer und 150 ml Wasser unterrühren, dann die **Paprikastücke** hinzufügen und das Ganze 10 Minuten dünsten. Währenddessen noch einmal mit Salz und Honig abschmecken, als Ausgleich zur (mehr oder weniger) scharfen Chilischote. Auch hier kann noch nachkorrigiert werden, eine angenehme Schärfe darf ruhig vorhanden sein. Es sollte am Ende so viel Flüssigkeit im Topf sein, dass die Sauce für die Tofuwürfel noch bequem reicht und sie gut umhüllt.
Ist die Paprika schön weich, kommt der Tofu wieder zurück in den Topf und wird kurz mit erhitzt. Dann mit Frühlingszwiebeln bestreuen und mit dem lauwarmen Naan servieren.

ROTE BETE UND SÜSSKARTOFFEL MIT FETA UND KICHERERBSEN

Mal wieder eines dieser wunderbar unkomplizierten, schmackhaften Gerichte, die ohne größeren Aufwand zubereitet werden können. Die süßlichen Aromen von Roter Bete und Süßkartoffel, gewürzt mit Knoblauch, Kreuzkümmel und Chili, und die sättigenden Kichererbsen und Feta treffen hier auf den zitronig frischen Joghurt. Wer Salzzitronenschalen hat, setzt diese hier ein.
Für eine noch üppigere Variante gibt es eine Scheibe geröstetes Brot dazu, aber auch Bulgur oder cremige Polenta sind gute Begleiter. Schmeckt warm wie auch kalt.
Tipp: Die Rote Bete hat eine längere Garzeit als die Süßkartoffel. Ich habe sie gleichzeitig im Ofen gegart, sodass die Bete noch etwas Biss hat. Wer das nicht möchte, würfelt zuerst die Rote Bete und gart sie mit 1 EL Öl benetzt in der Auflaufform 10 Minuten vor, um sie erst danach mit den restlichen Zutaten zu vermischen.

Zutaten: (4 Personen)
1 große Rote Bete, in Würfel
1 Süßkartoffel, in Würfel
400 g Kichererbsen (aus der Dose)
200 g Feta, in Würfel
1 Knoblauchzehe, klein gehackt
1 Prise Kreuzkümmel
Chili aus der Mühle
1 TL Oregano,
Meersalz
Olivenöl
½ Bund Petersilie

Für den Zitronenjoghurt:
250 g Joghurt (Vollmilch od. Griechisch)
1 TL Tahini (optional)
1 Prise Salz
½ Zitrone, Abrieb (alternativ:
1 Stück Salzzitronenschale, klein gehackt, s. S. 159)

Die **Kichererbsen** über einem Sieb abgießen und mit Wasser abspülen. Das **Gemüse** mit den **Kichererbsen** mit 4 EL Olivenöl in einer Schüssel mischen und mit Knoblauch, Kreuzkümmel, Chili (es darf ruhig ein wenig feurig werden) und Salz würzen. In eine Auflaufform umfüllen und den Feta und Oregano darüber verteilen. Im Backofen bei 200° C Umluft ca. 20 Minuten garen. Das Gemüse mit gehackter **Petersilie** bestreuen und mit dem **Zitronenjoghurt** genießen.

ANTONIAS ZUCCHINI-SPAGHETTI MIT ERDNUSS-SAUCE

Zutaten: (2 Personen)
Für die Erdnuss-Sauce:
2 EL Nussmus, großzügig
1 Schalotte, klein geschnitten
1 Knoblauchzehe, klein gehackt
1 kleines Stück Ingwer, klein geschnitten
½ Chilischote, mittelscharf
1 EL Zitronensaft
Meersalz
200 ml Kokosmilch
1 TL Sojasauce (Teriyaki)
1 TL Kokosfett

Für die Spaghetti:
2 Zucchini
1 Stück Brokkoli, in Streifen geschnitten
1 Möhre, in sehr dünne Streifen geschnitten
2 EL Erdnüsse, geröstet und gesalzen
1 TL Kokosfett
Meersalz
ein paar Ringe Chilischote
Thaibasilikum

Unglaublich, aber wahr: Diese Gemüse-Spaghetti sind wirklich eine Entdeckung – zumindest für mich. Ich habe sie ehrlich gesagt vorwiegend deshalb gemacht, weil ich gerade eine Zucchini nach der anderen ernte und schon gar nicht mehr weiß, wohin damit. Und frisch schmecken sie ja auch am besten. Jedenfalls hat mir meine älteste Tochter diese Variante schon länger ans Herz gelegt. Mit einem Spiralschneider sind die Zucchini schnell in die gewünschte Spaghetti-Form gebracht. Wichtig ist, dass Sauce und Zubehör für oben drauf fertig sind, wenn die Zucchini nach einer Minute aus dem kochenden Wasser kommen. Sie sollten eigentlich nur darin heiß werden. Unbedingt mit dem Thaibasilikum servieren, es ist das i-Tüpfelchen.
Mit einem klassischen Pasta-Teller hat das natürlich nichts zu tun, nur optisch vielleicht. Es gehört eher in die Abteilung asiatisches Gemüse-Gericht. Es ist schnell gemacht, sehr lecker und gesund.

Mit der Zubereitung der **Erdnusssauce** beginnen. Dafür in wenig Kokosfett **Zwiebel** und **Knoblauch** etwas andünsten, ohne dass diese braun werden. Ingwer und Chilischote hinzufügen, mit der **Kokosmilch** auffüllen und kurz aufkochen, Hitze reduzieren. Dann das **Nussmus** unter Rühren darin schmelzen lassen. Mit etwas Salz und **Zitronensaft** abschmecken und mit dem Pürierstab fein pürieren. Jetzt wird die Sauce schön cremig. Die **Sojasauce** unterrühren und warm halten.
In einer Pfanne Kokosfett erhitzen und unter Wenden die **Gemüsestreifen** mit den **Erdnüssen** kurz anbraten, bis sie Farbe bekommen. Das geht recht schnell. Etwas salzen und warm halten. In einem Topf leicht gesalzenes Wasser zum Kochen bringen. Währenddessen die **Zucchini** mit einem Spiralschneider in Nudelform bringen. Zucchini-Nudeln höchstens 1 Minute im kochenden Wasser lassen, dann durch ein Sieb abgießen. Auf Teller verteilen, mit Nusssauce begießen und das Gemüse darauf legen. Mit **Thaibasilikum** und ein paar Ringen der **Chilischote** bestreut servieren.

SPINAT-TOMATEN-CURRY MIT

SELBST GEMACHTEM PANEER

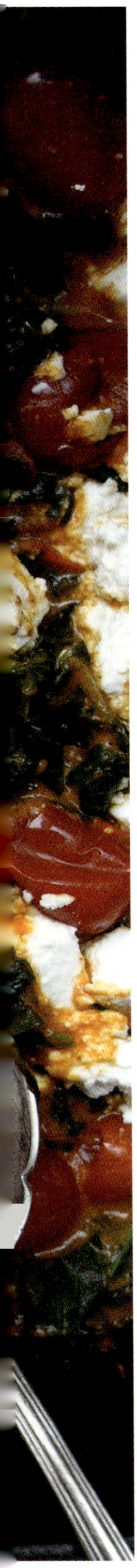

Sobald in unseren Beeten im Frühling der Spinat sprießt, wächst bei uns der Heißhunger auf cremiges, leckeres *Palak Paneer*, also Spinat-Curry mit indischem Käse. Ein einfaches Essen und immer noch ein Favorit. Einfach heißt ja nicht gleich langweilig, denn bei Knoblauch, Ingwer, Chili und diversen Gewürzen kann gar keine Langeweile aufkommen.
Paneer lässt sich ganz leicht selbst machen, man sollte dafür aber 4 Stunden Vorlauf einplanen, da er noch abtropfen muss.

Das **Fett** in der Pfanne erhitzen, dann die gemahlenen **Gewürze** darin erwärmen, bis sie duften. **Zwiebel, Knoblauch, Ingwer, Chili** dazu, 2 Minuten andünsten, dann **Cashewmus** darin schmelzen lassen, **Spinat** hinzufügen und zusammenfallen lassen.
Tomaten und **Sahne** unterrühren und mit Salz abschmecken, alles erhitzen und kurz köcheln.
Den **Paneer** auf dem Gemüse verteilen, Deckel auf den Topf und alles zusammen 3 Minuten bei kleiner bis mittlerer Hitze erwärmen.

PANEER:

Die **Milch** auf 95° C erhitzen. Wer kein Thermometer hat, erhitzt sie, bis sie anfängt zu blubbern und hochkommt. Dann ist die richtige Temperatur erreicht. Man fügt sodann das **Salz** und den **Essig** hinzu, rührt einmal vorsichtig um – die Milch gerinnt. Nun den Topf einfach eine halbe Stunde auskühlen lassen. Ein Sieb mit einem Mulltuch auslegen und die Käsemasse filtern. Die Flüssigkeit, die man dabei auffängt, ist **Molke**. Man kann sie trinken, zu Shakes verarbeiten, zum Brotbacken nehmen. Die **Käsemasse** im Tuch etwas auspressen, am besten lässt man sie eingewickelt im Sieb, legt einen Teller darauf und beschwert diesen mit einem Gewicht von 1 – 2 kg. Wer im Besitz einer Käseform ist, legt ihn dort hinein. Für 4 Stunden so kühl stellen. Danach packt man ihn wieder aus, er ist jetzt schnittfest, und man kann ihn verwenden.

Zutaten: (4 Personen)
200 g Paneer
400 g Spinat, grob gehackt
400 ml Tomaten (z.B. Datterini aus der Dose)
1 grüne od. rote Chilischote, in Ringe
1 Rote Zwiebel, klein gehackt
2 Knoblauchzehen, klein gehackt
1 Stück Ingwer, fein gerieben
1 TL Koriander, frisch gemahlen
1 TL Kreuzkümmel, gemahlen
½ TL Bockshornklee, gemahlen
1 TL Zimt
1 TL Kurkuma
2 EL Butter oder Kokosöl
2 EL Cashewmus
125 ml Sahne
Meersalz

Dazu: Reis oder **Naan** **(Rezept s. S. 51)**

Selbst gemachter Paneer
Zutaten: (für 400 g Paneer)
2 l frische Vollmilch
4 EL Essig
½ TL Meersalz
Achtung: 4 Stunden Wartezeit einplanen

CARLOS EIER-CURRY

Unser Freund Carlo ist begeistert von der Küche der südindischen Region Tamil Nadu. Daher stammt auch dieses Rezept, ein *Egg Kurma*, das dort wichtiger Bestandteil der Kochtradition ist. Ich habe es um Kartoffeln erweitert, allerdings nur aus Gründen der Menge. Dem besonders leckeren Aroma des Gerichts tut das keinen Abbruch. Sie können ebenso weggelassen werden. Ich habe es, zusammen mit dem *Devilled Seitan* und dem scharfen Linsen-Paprika-Curry für Freunde gekocht, die hellauf begeistert waren. Meinen Kindern war der intensive Geschmack des Korianders im Curry ungewohnt, doch sie haben es trotzdem gerne gegessen. Es schmeckt auch am nächsten Tag noch wunderbar.

Zutaten: (6 Personen)
6 Eier, hart gekocht
6 Kartoffeln, geschält und gewürfelt
200 ml Kokosmilch
2 EL Kokosöl
1 TL Bockshornkleesamen
½ TL Fenchelsamen
½ TL Zimt, gemahlen
1 Zwiebel, fein gehackt
400 ml Tomaten (gehackt, aus der Dose)
Meersalz
½ Zitrone, Saft
Cashewnüsse, geröstet
Petersilie für die Deko

Für die Currypaste:
4 TL Koriandersamen
1½ TL Chiliflocken
1 TL Fenchelsamen
1 TL Kreuzkümmelsamen
1 TL Kurkuma
1 Stück Ingwer, walnussgroß, in kleine Stücke geschnitten
2 Knoblauchzehen

Zuerst die **Currypaste** herstellen: dafür Koriander, Chili, Fenchel, Kreuzkümmel, Kurkuma, Ingwer und Knoblauch mit dem Pürierstab zu einer möglichst feinen Paste verarbeiten. (Ich habe zuerst den Mörser benutzt, das war aber in diesem Fall nicht ausreichend, und ich musste nachpürieren.)
Die **Kartoffeln** 5 bis 8 Minuten in Salzwasser kochen. Durch ein Sieb abgießen.
Das Öl in einem Topf erhitzen und Bockshornklee, Fenchelsamen und Zimt ein paar Sekunden anbraten. Die **Zwiebeln** dazu geben und leicht anschwitzen, bis sie Farbe bekommen. Die Currypaste unterrühren und ein paar Minuten mitschwitzen. Eventuell löffelweise Wasser zugeben, damit sie nicht am Boden anhaftet. Die **Tomaten** unterrühren und 3 Minuten schmoren lassen.
Etwa 400 ml Wasser dazu geben, ebenso die Kartoffeln und das Ganze etwa 20 Minuten zugedeckt leise köcheln lassen, bis es sämig wird.
Erst zum Schluss die **Kokosmilch** hinzufügen, kurz aufkochen lassen und eventuell mit Salz abschmecken. Den **Zitronensaft** unterrühren, die Hälfte der hart gekochten **Eier** vierteln und unterheben, den Rest als Viertel oben darauf setzen. Mit **Cashewnüssen** und gehackter **Petersilie** bestreut servieren.

TOFU TIKKA MASALA

Bei uns wurde es plötzlich ganz still am Tisch. Alle waren überrascht, denn was so unspektakulär aussieht, entpuppt sich als sehr schmackhaftes, aromatisches, leicht pikantes, sehr leckeres Gemüse-Tofu-Gericht. Bevor es gegart wird, ziehen die Gemüse zuerst in einer Marinade aus Joghurt mit verschiedenen Gewürzen. Das Gericht ist leicht zu machen und gar nicht aufwendig. Neben dem Tofu haben wir Möhren und rote Paprika verwendet, es passen aber ebenso gut andere Gemüsesorten oder Reste, die im Kühlschrank liegen. Dazu gibt es einen schönen, gelben Curryreis.
Wenn man das möchte, kann man das Gericht auch noch mit gerösteten Nüssen und einem gehackten, gekochten Ei garnieren (so hat es mein Sohn gemacht) oder auch mit gerösteten Kokosflocken.

Zutaten: (4 Personen)
150 g Joghurt 3,5%
1 TL Curry, mittelscharf
1 TL Garam Masala
Meersalz
Chili, getrocknet

200 g Räuchertofu, gewürfelt
2 Möhren, in Scheiben geschnitten
½ rote Paprika, in Würfel geschnitten

1 Zwiebel, klein geschnitten
1 Stück Ingwer, klein geschnitten
460 g Tomaten, in Stücke (aus der Dose)
200 ml Kokosmilch
1 EL Butter
Petersilie zum Bestreuen

200 g Basmatireis
2 EL Butter
1 TL Curry
1 TL Kurkuma
½ TL Meersalz

In einer Schüssel den **Joghurt** mit Currypulver, Garam Masala und etwas getrockneter, zerkleinerter Chilischote (nicht zu scharf) sowie 1 TL Salz vermischen, dann **Tofu**, **Möhre** und **Paprika** unterheben. Beiseite stellen.
Die **Zwiebel** mit dem **Ingwer** in einem Topf mit Butter andünsten. Bevor sie bräunen, **Tomaten** und **Kokosmilch** unterrühren. Mit 1 TL Salz würzen. Erhitzen und 15 Minuten offen köcheln lassen.
Das marinierte Gemüse mit einem Löffel aus der Schüssel heben (dabei den restlichen Joghurt aufheben) und in einer Pfanne erhitzen. Ebenfalls 15 Minuten bei mittlerer Hitze garen und ab und zu umrühren. Zur Tomaten-Kokos-Sauce geben. Zum Schluss nochmals mit Salz abschmecken, falls nötig.
Den **Basmatireis** nach Packungsanleitung garen. Danach mit etwas Salz und den Gewürzen sowie der Butter vermischen. Deckel schließen und stehen lassen.
Den Reis mit dem Gemüse anrichten, restlichen Joghurt darüber verteilen und mit **Petersilie** bestreuen.

BLUMENKOHL-CURRY MIT EIERN UND CASHEWS

Ich bleibe dabei: Blumenkohl schmeckt am besten mit vielen Gewürzen als Curry – oder klassisch und ein bisschen langweilig mit Sahnesauce. Gerösteter Blumenkohl ist ja in aller Munde und geradezu hip. Doch mir sagt diese Zubereitungsart, die bei Brokkoli zum Beispiel sehr gut funktioniert, bei dem weißen Verwandten nicht so zu. Vielleicht ändert sich das noch. Aber als Curry – keine Frage – wird aus Blumenkohl ein richtig gutes Wohlfühlessen. Nur zu empfehlen. **Dazu:** Basmati und Pflaumen-Chutney.

Zutaten: (2 Personen)
1 Tasse Basmatireis
2 Pimentkörner
2 Nelken
½ Blumenkohl, in Röschen geteilt
1 Tasse Erbsen (TK)
2 Eier, gekocht
2 EL Cashewnüsse, geröstet
Kokosöl
2 TL schwarze Senfsaat
8 Curryblätter (optional)
1 TL Kreuzkümmel
½ TL Macisblüte
1 TL Kurkuma
1 Chilischote, klein geschnitten
1 Knoblauchzehe, klein geschnitten
200 ml Kokosmilch
Meersalz

Basmatireis nach Packungsanleitung kochen. Für mehr Geschmack ein paar **Nelken** und **Pimentkörner** mit ins Wasser geben. In einem Topf **Kokosöl** erhitzen und die **Senfkörner** anrösten, bis sie anfangen zu springen. Dann kommen die Curryblätter, Kreuzkümmel, Koriander und Macisblüte dazu, ebenso **Chilischote** und **Knoblauch** sowie der **Blumenkohl** und die **Erbsen**. Nun wird alles zusammen kurz geröstet, bis der Blumenkohl Farbe annimmt.
Man gießt die **Kokosmilch** zum Gemüse, gibt Kurkuma dazu und lässt alles etwa 6 Minuten köcheln. Mit wenig Salz abschmecken.
Die **Eier** schälen und achteln, vorsichtig unter das Curry heben und mit den **Cashews** bestreuen.
Mit Reis und Chutney servieren.

CURRY-KARTOFFELN MIT GURKEN-JOGHURT UND NAAN

Für das Curry:
(4 Personen)
10 -15 Kartoffeln
1 – 2 EL scharfes Currypulver
Chili, getrocknet (optional)
Fleur de Sel
2 EL Kokosöl

Für den Joghurt:
4 EL Joghurt
½ Gurke, geraspelt
1 Prise Kreuzkümmel
1 Prise Fleur de Sel

Für das Naan:
300 g Dinkelmehl Typ 630
150 ml Milch
6 EL Olivenöl
¼ Hefe, frisch
2 TL Zucker
1 Prise Meersalz
1 Ei (optional, das Ergebnis ist ein weicheres Brot)
2 Knoblauchzehen (optional)

Bratkartoffeln auf indisch: Dies ist eines der Gerichte, die schnell und supereinfach zubereitet sind - und doch ist es auf seine Weise besonders und bei uns äußerst beliebt. Es kommt ursprünglich aus Südindien, wo traditionell sehr scharf gegessen wird. Den milden Gegenpol bilden der Gurken-Joghurt und das in unserer Familie so heiß begehrte Naan, ein indisches Fladenbrot, mit oder ohne Knoblauch gebacken.

Für die Curry-Kartoffeln die Kartoffeln in der Schale etwa 20 Minuten im Wasser kochen, pellen und in 4 cm große Stücke schneiden. Noch warm mit dem **Currypulver** und **Chili** vermischen, sodass sie rundherum gelb werden. Mit Fleur de Sel bestreuen, auskühlen lassen. In einer Pfanne **Kokosfett** erhitzen und die Kartoffelstücke etwa 15 Minuten unter gelegentlichem Wenden anbraten. Danach einfach auf der warmen Herdplatte stehen lassen.
Für den Joghurt die **Gurke** raspeln und unter den mit **Kreuzkümmel** und Salz abgeschmeckten Joghurt heben.

NAAN:

Dafür die **Milch** mit dem **Olivenöl** leicht erwärmen, die **Hefe** hineinbröckeln, Zucker dazu, **Ei, Knoblauch** und Salz ebenfalls. In einer Schüssel mit dem Mehl vermischen und zu einem Teig verkneten. Falls dieser zu klebrig ist, esslöffelweise Mehl hinzufügen.
Zu einer Kugel formen, diese achteln und jeweils zu kleinen Kugeln formen. So bleiben die Luftblasen besser erhalten. Nebeneinander in einer Schüssel für 30 Minuten zugedeckt gehen lassen.
Den Backofen auf 250° C Umluft vorheizen. Die Kugeln mit der Hand zu handtellergroßen **Fladen** formen und auf mit Backtrennpapier belegte Bleche legen. Im Backofen 3 Minuten backen. Anschließend für die typische Bräunung kurz unter den Grill schieben. In Alufolie gewickelt warm halten.

PROVENZALISCHES KARTOFFELGRATIN

Dieses Kartoffelgratin ist wirklich unglaublich gut, edel und sehr fein. Die Kartoffelscheiben zergehen auf der Zunge und schmecken himmlisch. Der einzige Trick, den ich angewandt habe, ist, die Kartoffeln hauchdünn zu hobeln und sie dann 1,5 Stunden sozusagen im eigenen Saft (na gut: und einem Becher Sahne) zu schmoren. Gut gewürzt sind sie natürlich auch …

Dazu passt hervorragend ein frischer, bunter, gemischter Salat.

Zutaten: (4 Personen)
1 kg Kartoffeln
1 rote oder mehrere kleine Paprika, in Stücke geschnitten
3 – 4 Tomaten, in Scheiben geschnitten
4 Knoblauchzehen, zerquetscht
1 Zwiebel, klein gewürfelt
200 ml Sahne
Olivenöl
Meersalz
Pfeffer
2 TL Kräuter der Provence
Schnittlauch zum Bestreuen

Die geschälten **Kartoffeln** in hauchdünne Scheiben hobeln. In einem ausreichend großen Topf mit kochendem Wasser kurz blanchieren. Über einem Sieb abgießen.
In einem Schmortopf oder einer ofenfesten Schmorpfanne einige Esslöffel Olivenöl erhitzen und darin die **Zwiebeln**, **Paprika**, die Provence-Kräuter und die Hälfte des **Knoblauchs** bei mittlerer Hitze für 5 Minuten anschwitzen.
Die Kartoffelscheiben darunter mischen, gut mit Salz und Pfeffer würzen, restlichen Knoblauch darauf verteilen und mit Sahne übergießen.
Die **Tomatenscheiben** oben auflegen.
Eventuell noch einmal mit etwas Fleur de Sel oder Salz bestreuen.
Den Backofen auf 180° C Umluft erhitzen.
Den Schmortopf mit Deckel schon in der Aufheizphase hineinstellen und dort 1,5 Stunden garen lassen.
Vor dem Servieren mit frischem **Schnittlauch** bestreuen.

MIT PESTO GEFÜLLTE OFEN-KARTOFFELN

Endlich kann man auch mal in der Küche seine Karategelüste ungehindert ausleben: und zwar an Kartoffeln. Die werden nämlich mit einem gezielten Schlag zu Püree gehauen (natürlich nach dem Garen, das schont die zarten Handkanten). Kein Scherz!
Das Rezept wird wärmstens empfohlen von meiner Freundin Stephanie, deren Ostsee-Kartoffeln ich hier auch gleich verbraten habe. Laut ihrer Auskunft, kommt es besonders auf die wolkige Konsistenz der Kartoffelfüllung an – und die erhält man eben durch die entsprechende Behandlung. Ich habe ein bisschen ins Blaue reingekocht, weil wir uns beim Pferdeputzen darüber unterhalten haben, aber das ist bei diesem Gericht auch kein Problem. Es lässt sich leicht umsetzen.
Und – auch wenn sie zunächst unspektakulär aussehen – sie „schmecken wirklich gut" (O-Ton meiner Männer im Haushalt). Ich darf sie gerne öfter auftischen.

Die **Kartoffeln** gut säubern, damit man eventuell auch die Schale nachher mitessen kann. Die ist dann zwar etwas dicker und härter, schmeckt aber frisch aus dem Ofen ganz gut.
Den Backofen auf 200° C Umluft vorheizen.
Die Kartoffeln werden nun auf ein Backblech gelegt, mit Salz bestreut und von vorn und hinten mit einer Pellkartoffelgabel angepikt. Sie kommen für 75 Minuten in den Ofen bzw. solange, bis sie durchgegart sind.
Man nimmt das Blech heraus, hält es mit einer Hand gut fest und mit der anderen haut man mit einem gezielten Schlag auf die Mitte der Knollen, sodass sie leicht aufbrechen. Mit einem kleinen Löffel schabt man das Innere der Kartoffel heraus und vermischt es in einer Schüssel mit Butter und ein bisschen Salz. Nun das Pesto (Menge nach Geschmack) hinzufügen und nochmal abschmecken.
Die Füllung wird wieder locker zurück in die Kartoffelhälften gepackt, die man auf dem Blech mit restlichem Parmesan bestreut und kurz unter den Grill schiebt. Wenn der Parmesan zu bräunen beginnt, ist alles fertig.
Ich habe die Kartoffeln auf dem Teller noch mit Pfeffer bestreut und mit etwas Olivenöl beträufelt.

Zutaten:
(4 Personen)
1 kg Kartoffeln, mehlig und am besten größeren Formates
Meersalz
3 – 4 EL Pesto
50 g Parmesan
Olivenöl
2 EL Butter

GELBE LINSENSUPPE MIT SPINAT UND SÜSSKARTOFFEL

Diese dickliche Suppe ist wirklich immer ein Volltreffer, mit ihren aromatischen, duftenden Gewürzen, ihrer leichten Schärfe und der süßlichen Kartoffel - und sie ist auch noch ruckzuck fertig. Anstelle von Spinat (der auch aus dem Tiefkühlfach kommen kann) schmeckt mir auch Mangold und dazu frischer Koriander gut. Allerdings nehme ich den nur, wenn die Kinder nicht mitessen und streue das Kraut am Schluss einfach darüber.

Zutaten: (4 Personen)
250 g Gelbe Linsen
200 g Spinat (TK)
1 Süßkartoffel, grob gehobelt
1 Frühlingszwiebel, in Ringe
400 ml Kokosmilch
1 EL Gemüsebrühe, gekörnt (für 1 l Wasser)
1 Zwiebel, in Würfel
1 Stück Ingwer, kleingehackt
1 Knoblauch, kleingehackt
1 EL Kokosfett
1 TL Koriander, gemahlen
1 TL Kreuzkümmel, gemahlen
1 TL Kurkuma, gemahlen
½ TL Bockshornklee, gemahlen
Chiliflocken
Meersalz
Nach Belieben:
Crème fraîche

Zwiebel, Ingwer und **Knoblauch** in etwas Fett andünsten, die **Gewürze** (ohne das Salz) hinzufügen bis sie duften, dann **Gelbe Linsen** mit Gemüsebrühe und Kokosmilch unterrühren und erhitzen. Für etwa 20 Minuten köcheln lassen, bis die Linsen gar sind.

Etwa bei der Hälfte der Kochzeit die **Kartoffeln, Frühlingszwiebel**n und den **Spinat** zu den Linsen geben und mitgaren. Zum Schluss mit Salz abschmecken und eine Tupfer **Crème fraîche** (für die vegane Fraktion Kokosjoghurt) auf jeden Teller klecksen.

REIS & GETREIDE

Risotto al Limone
Tomaten-Risotto
Pastinaken-Kräuter-Risotto
Rote Bete-Risotto mit Spinatsalat und Heidelbeeren
Risotto mit Birnen, Taleggio und Thymian
Paella mit Aubergine und Paprika
Erbsen-Pinienkerne-Hafer
Möhren-Graupen-Suppe
Reispatties
Gebratener Reis mit Tofu und buntem Gemüse
Erbsen-Möhren-Hirsotto mit Petersilien-Sahne
Spinat-Polenta mit Tomatensauce
Feine Grünkern-Bällchen mit Parmesan
Lunch Bowl mit Quinoa

PEILUNG MIT PESTO

Der Italiener allerliebste Beschäftigung ist es, übers Essen zu reden. Das ist wirklich so, eine durchaus bierernste Angelegenheit, und zwar jederzeit und überall. Bestes Beispiel: Die beiden Techniker, die kürzlich unter Einsatz ihres Lebens auf meinem steilen Dach in Italien herumbalancierten, um nach dem WLAN-Signal zu peilen, unterhielten sich nonstop und sehr engagiert darüber, welches das beste Pesto sei, ob mit oder ohne Knoblauch, ob rot oder grün, mit welchem Käse und von welchem (natürlich regionalen) Produzenten. Es war noch nicht mal neun Uhr morgens und ein Mittagessen in weiter Ferne. Das WLAN haben sie trotz Pesto gefunden, und ich bin endlich wieder mit der Welt verbunden.

An jeder Frischetheke in den Läden entstehen lange Warteschlangen, weil sich Kunden in aller Seelenruhe mit den Verkäufer/-innen über Rezepte und Zubereitungsarten von Ricotta oder Pancetta austauschen. Und da jeder einen Wartebon ziehen muss, wird die Zeit genutzt, um die Einkaufsliste abzuarbeiten. Scharenweise ziehen hier Männer mit zwischen Schulter und Ohr eingeklemmtem Handy durch die Regalreihen, um die Menüfolge mit der Signora daheim lautstark zu diskutieren und nebenbei ganz selbstverständlich den Wagen zu füllen. Oder beim Marktbesuch, wo ältere Damen gerne in kleinen Gruppen mitten im Weg herumstehen, um sich darüber auszutauschen, was sie am liebsten in die Frittata am Mittag packen: Zucchini, Käse oder vielleicht doch nur Zwiebeln?

Eine Steigerung des Ganzen beobachtet man am Strand. Dort stehen sie stundenlang bis zu den Knien im grünblauen Meer, um über *Lasagne, Ravioli di borragine* oder die richtigen Kartoffeln für *Gnocchi* zu reden. Und zwar schon morgens ab halb zehn bis Punkt zwölf. Jeden Tag, zumindest im Sommer, was sollte man bei 27 Grad auch sonst anderes tun?

Während ich mich nach meinem morgendlichen Bad gemütlich von der warmen Sonne trocknen lasse, erreicht mich vom Sonnenschirm ein paar Meter weiter links eine fürsorgliche, weibliche Stimme, die ihren Familienmitgliedern eine Pizza mit Rucola ankündigt. Eine Schwangere hinter mir indes telefoniert mit ihrem Onkel und bittet ihn um Gemüse aus seinem Garten.

Langsam wird es mühsam, denn mein vom Intervallfasten leerer Magen will sich jetzt noch keinesfalls mit solcherlei Gedanken befassen. Was soll's! Am besten, ich gönne mir einen *Latte macchiato*, bevor ich meine rote Vespa sattele.

Ich knattere also gemütlich den Berg zu unserer alten Ölmühle hoch und werde dort – warum wundert mich das eigentlich noch? - empfangen, mit der Frage, die mir in den letzten zwanzig Jahren gefühlt am häufigsten gestellt wurde und mich oft in Stress versetzt: „Hast du schon übers Essen nachgedacht?"

Wie die Italiener übers Essen zu reden, hat den unschlagbaren Vorteil, dass die Ideen nie ausgehen. Deshalb weiß ich auch, dass es jetzt gleich eine *Frittata mit Zucchini* und Petersilie geben wird.

RISOTTO AL LIMONE

Anfang des Jahres werden in Italien die Zitronen langsam wieder reif. Sie sind schön saftig und frisch, und ihre Schale ist zu schade zum Wegwerfen. Da uns das sonnige Gelb in dieser dunklen und grauen Jahreszeit nur guttut, gibt es Risotto al Limone. Ganz einfach. Die Kunst ist hier, den Risotto nicht sauer werden zu lassen, fruchtig ja, aber ausgewogen und trotzdem zitronig. Deshalb habe ich nur eine Zitrone ausgepresst, dafür aber die Schale zweier Früchte benutzt. Es gibt Rezepte, in denen am Schluss auch 1 EL Frischkäse untergemischt wird oder Sahne, ich habe mich bei der vielen Butter auf Parmesan beschränkt.

Zutaten: (4 Personen)
250 g Risotto-Reis (Arborio, Carnaroli od. Vialone Nano)
900 ml Gemüsebrühe
100 ml Weißwein
4 EL Semmelbrösel
1 Bio-Zitrone, etwas Saft und Abrieb
1 Bio-Zitrone, 4 Streifen der Schale (Sparschäler) und restlicher Abrieb
1 kleine Zwiebel, feingehackt
Meersalz
Pfeffer
1 TL Thymian, getrocknet
frische Thymianblättchen zum Bestreuen
80 g Butter, kalt

Zwiebel und **Reis** in 20 g Butter anschwitzen, mit dem **Weißwein** ablöschen, aufkochen und nach und nach mit der leicht gesalzenen **Gemüsebrühe** garen, dabei viel umrühren, damit er schön cremig wird.
Nach 5 Minuten gibt man 2 EL vom Saft und den Abrieb einer halben **Zitrone** dazu. Später kann man eventuell noch Zitronensaft hinzufügen, das ist eine Frage des Geschmacks.
In einer Pfanne die **Semmelbrösel** in 2 EL Butter bräunen. Beiseite stellen.
In einem kleinen Topf währenddessen 30 g Butter schmelzen, 4 breite, mit dem Sparschäler abgeschälte Streifen der **Zitrone** und 1 TL getrockneten **Thymian** hinzufügen. Nicht zu heiß werden lassen, die Butter soll nur das Zitronenaroma aufnehmen. Die Schalen nach ein paar Minuten wieder herausfischen.
Den restlichen Abrieb in die Butter geben. Ist der Risotto nach etwa 20 Minuten fertig und cremig, hebt man gut zwei Drittel des Parmesans unter und lässt die restliche Butter auf dem Reis bei geschlossenem Topf schmelzen.
Risotto auf Teller verteilen, mit Semmelbröseln bestreuen und die Zitronen-Thymian-Butter darüber träufeln, mit Pfeffer, Thymianblättchen, restlichem Zitronenabrieb und Parmesan abrunden.

TOMATEN-RISOTTO

Noch immer habe ich viele reife, wunderbare Tomaten zu verarbeiten. Deshalb stand die Frage nach Tomaten-Suppe oder Tomaten-Risotto als Mittagessen im Raum – und die Kinder wünschten sich den Reis, um sich ihre leeren Bäuche richtig damit zu füllen. Mir war alles recht. Denn auch Risotto ist in weniger als einer halben Stunde fertig.
Außerdem gehört diese Variante geschmacklich zu den besten Risotti, wie ich finde. Vorausgesetzt, man hat aromatische Tomaten …

Zutaten: (4 Personen)
200 g Risotto-Reis
600 g Tomaten
1 Zwiebel, in Streifen
1 Zweig Rosmarin
1 Lorbeerblatt
1 EL Gemüsebrühe, gekörnt
60 ml Weißwein
Meersalz
40 g Butter
100 g Parmesan
Basilikum hinzufügen

Einen Topf mit Wasser aufsetzen und zum Kochen bringen. **Tomaten** einschneiden und kurz ins heiße Wasser geben. Herausfischen und die Schale entfernen. Tomaten in Würfel schneiden. Vom **Kochwasser** etwa einen ¾ Liter zurückbehalten. Man wird aber weniger benötigen, da die Tomaten ja auch relativ wässrig sind.
Butter in dem Topf erhitzen, **Zwiebelstreifen** dazu, kurz anschwitzen, dann den **Reis** mit anbraten, bis er rundherum glänzt, mit **Wein** ablöschen und die Tomatenstücke unterheben.
Rosmarin, Lorbeer, Suppen-Gewürz und etwas Salz hinzufügen. Immer, wenn die Flüssigkeit fast aufgesogen ist, etwas vom Wasser während der Garzeit des Reises (etwa 20 Minuten) nachgießen. Öfter umrühren, damit nichts ansetzt.
Danach Rosmarinzweig und Lorbeerblatt soweit möglich wieder entfernen.
Die Hälfte vom geriebenen Parmesan am Ende unterheben, der im Risotto nun schön cremig wird.
Risotto auf Teller verteilen, mit Basilikum und restlichem Parmesan bestreuen.

PASTINAKEN-KRÄUTER-RISOTTO

Zutaten: (4 Portionen)
250 g Risotto-Reis
1 Schalotte, gewürfelt
1 Knoblauchzehe, klein geschnitten
1 Pastinake
60 g Butter
½ l Gemüsefond
½ l Wasser
Salz
1 Bund Petersilie
weitere frische Kräuter nach Geschmack (z. B. Rosmarin, Salbei, Thymian, Majoran)
100 g Parmesan, gerieben

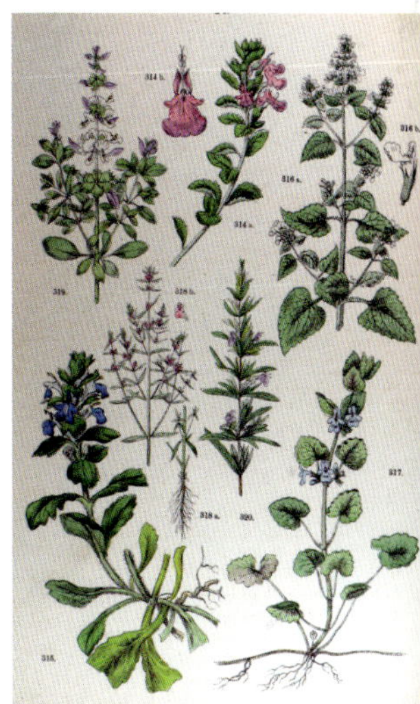

Pastinaken waren weit außerhalb meines Radars – bis zu dem Tag, an dem sie in einem meiner Beete gewachsen sind. Die Samen lagen als Geschenk einer Bestellung bei, und ich habe sie eher spaßeshalber ausgesät. Über ihren Geschmack kann man ja – ähnlich wie bei Fenchel – sehr geteilter Meinung sein. Doch dies ist ein Rezept, wie wir diese gesunden Wurzeln richtig gerne essen.

Die **Schalotten** und den **Knoblauch** schön klein schneiden. Die **Pastinake** schälen und längs in dünne Scheiben schneiden, dann zu Streifen und in richtig kleine Würfel. Alles zusammen in der Hälfte der Butter andünsten, den **Reis** dazu, umrühren, bis alles glänzt und mit einem Teil des **Fonds** ablöschen. Ein wenig salzen. Dann nach und nach den restlichen Fond und Wasser zufügen, immer wieder umrühren, damit der Risotto schön cremig wird. Das dauert circa 20 Minuten.
In der Zwischenzeit die **Kräuter** fein hacken. In den fertigen Risotto die restliche Butter und die Hälfte des **Parmesans** unterrühren. Abgedeckt kurz schmelzen lassen. Dann die Kräuter dazu und mit restlichem Parmesan sofort servieren.

ROTE BETE-RISOTTO MIT SPINATSALAT UND HEIDELBEEREN

Dieser schön anzusehende Risotto schmeckt so köstlich, dass man gut auch mittags schon ein Glas Weißwein dazu trinken kann. Das habe ich zumindest im Restaurant Osteria in Hamburg so gemacht. Um das Gericht nicht zu vergessen, habe ich es nachgekocht und um Parmesancreme erweitert. Alle in der Familie sind begeistert, obwohl sie der tollen Knolle sonst eher skeptisch begegnen.
Die Kombination von Heidelbeeren und Spinat ist erstaunlich gut. Die fruchtigen Heidelbeeren geben dem eher süßlichen Reis „Pep“, wie mein Sohn sagt.

Für die **Parmesancreme** erhitzt man 30 g Butter in einem Topf, gibt 200 ml Sahne dazu und lässt alles einmal kurz aufkochen. Hitze sehr reduzieren, sodass es nicht mehr kocht, 3 EL vom geriebenen Parmesan hinzufügen und mit einem Schneebesen unterrühren. Auf der Herdplatte bei kleinster Einstellung warm halten. So kann der Käse schmelzen, ohne zu verklumpen. Mit Salz und Pfeffer gut abschmecken.
Nun zum **Risotto**. Hierfür in einem Topf die restliche Butter schmelzen lassen und die **Zwiebeln** darin kurz andünsten, bevor man die klein gewürfelte **Rote Bete** hinzufügt und etwa 5 Minuten weitergart. Den Reis unterrühren, mit dem **Weißwein** ablöschen und mit 200 ml Gemüsebrühe angießen. Gut mit einem Kochlöffel umrühren. Die restliche Brühe gibt man in den nächsten 20 Minuten portionsweise hinzu und rührt immer wieder, während alles nur leicht köchelt.
Am Schluss schmeckt man mit etwas Salz und gut mit Pfeffer ab und hebt noch 4 EL **Parmesan** unter. Einen Deckel auf den Topf und kurz ruhen lassen.
Den knallroten Risotto auf die Teller verteilen. Darauf kommt je eine gute Handvoll **Spinat**, diesen mit Parmesancreme begießen und **Heidelbeeren** darauf verteilen.

Zutaten: (4 Personen)
200 g Risotto
50 g Butter
1 Zwiebel, klein geschnitten
1 Rote Bete, klein gewürfelt
1 Schuss Weißwein
600 ml Gemüsebrühe
200 ml Sahne
80 – 100 g Parmesan, fein gerieben
Meersalz
Pfeffer
100 g junger Spinat
80 g Heidelbeeren

RISOTTO MIT BIRNEN, TALEGGIO UND THYMIAN

In Holland streicht man die Erdbeermarmelade gerne aufs Leerdamerbrot, in Frankreich isst man Orangenkonfitüre zum Camembert und in Italien packt man die Birnen mit cremigem Taleggio in den Risotto. Süß und pikant ist ein Klassiker und schmeckt einfach lecker zusammen. Bei diesem Risotto wird eine Hälfte der Birnen mitgekocht, die andere in der Pfanne in Butter geschwenkt und karamellisiert und mit gerösteten Nüssen (wahlweise frische Hasel- oder Walnüsse) als Topping serviert. Wunderbar!

Zutaten: (4 Personen)
200 g Risotto (Carnaroli, Arborio od. Vialone Nano)
1 Schalotte, klein gewürfelt
3 mittlere Birnen (Conférence), in Würfel
250 g Taleggio (ohne Rinde), in Würfel
700 ml Gemüsebrühe
100 ml Weißwein
30 g Butter
2 Zweige Thymian, plus etwas zum Bestreuen
50 g Nüsse, grob gehackt
Pfeffer
Meersalz
1 TL Rohrohrzucker

Die **Schalotte** in 20 g Butter schwenken und glasig dünsten. Die eine Hälfte der **Birnenwürfel** sowie den **Reis** dazugeben, alles gut umrühren, bis der Reis glänzt. Mit **Weißwein** ablöschen und etwas von der **Gemüsebrühe** unterrühren und die Blättchen vom Thymian. Mit der Brühe weiter so verfahren, bis (nach ca. 20 Minuten) alles aufgebraucht ist. Dann die **Taleggiowürfel** unterheben und gut verteilen, Risotto noch einmal abschmecken und pfeffern. Deckel auflegen und setzen lassen.

Während der Risotto gart, die **Nüsse** in einer Pfanne rösten, in eine Schüssel umfüllen und beiseite stellen.
In der Pfanne die restliche **Butter** mit dem Zucker erhitzen, die übrigen **Birnenwürfel** hinzufügen und alles zusammen für ein paar Minuten karamellisieren. Beiseite stellen.
Den Risotto auf Teller verteilen, mit Birnenwürfeln (und dem Sud aus der Pfanne), Nüssen und **Thymianblättchen** anrichten.

PAELLA MIT AUBERGINE UND PAPRIKA

Ein Reisgericht, das sich anbietet, wenn man wenig Zeit hat und Gemüsereste verbrauchen will. Sie werden zuerst geschmort, und dann wird der Reis hinzugefügt, sodass dieser noch die Aromen der Zutaten gut aufnehmen kann. Safran schlägt sich nicht nur im Geschmack nieder, auch in der schönen appetitlichen Farbe.

Den **Reis** mit etwas Salz und dem Lorbeerblatt im kochenden Wasser garen. Dabei nur die Hälfte der Garzeit ansetzen, also bei normalem Basmati etwa 5 Minuten oder aber 20 Minuten bei Vollkornreis. Bitte auf der Packung nachlesen. Die restliche Zeit gart er dann im Gemüse. Das Wasser nicht abgießen.
Für das **Gemüse** einen schweren Topf oder ein Pfanne mit Deckel wählen. Ein paar Löffel Olivenöl darin erhitzen, die **Zwiebel** und den **Knoblauch** darin bei aufgelegtem Deckel 10 Minuten schmoren. Dann **Aubergine, Paprika, Chilischote** und **Tomate** hinzufügen, leicht salzen und Paprikapulver hinzufügen und bei geschlossenem Deckel weitere 10 Minuten schmoren.
In einer kleinen Schüssel die **Safranfäden** mit Zucker vermischen und evtl. mit einem Mörser zerreiben. In etwas Wasser auflösen. Das Safranwasser unter den Reis mischen.
Den Reis vorsichtig zum Gemüse geben und weitere 5 bis 15 Minuten schmoren. Die restliche Garzeit hängt vom Reis ab. Der Reis sollte am Ende noch etwas Biss haben und auf keinen Fall zerkochen. Eventuell noch einmal abschmecken. Vor dem Servieren etwas Olivenöl darüber träufeln.

Zutaten: (4 Personen)
2 Tassen Naturreis (Basmati oder Langkorn)
1 Lorbeerblatt
1 Zwiebel, klein gewürfelt
4 Knoblauchzehen, klein geschnitten
½ Aubergine, in kleine Würfel
½ rote Paprika, in kleine Würfel
1 grüne Chilischote, in Ringe
3 Tomaten, in Würfel
1 TL Paprika, edelsüß
1 Päckchen Safranfäden
1 TL Zucker
Olivenöl
Meersalz

ERBSEN-PINIENKERNE-HAFER

Hafer ist ein wirklich tolles, vollwertiges Getreide. Er enthält doppelt so viel hochwertiges Eiweiß wie andere Getreidearten, hormonähnliche Stoffe haben antriebssteigernde Wirkung, seine Linolsäure senkt den Cholesterinspiegel, die stark quellenden Ballaststoffe binden Bakterien, nicht zu vergessen sein hoher Gehalt an B-Vitaminen und Mineralstoffen. Und last but not least: Er schmeckt ausgezeichnet.
Hafer hat ein würziges, leicht nussiges Aroma, das sich durch kurzes Anrösten noch intensiviert. Dieses milde Hafer-Risotto mit süßen Erbsen und leckeren Pinienkernen gibt es bei uns eigentlich viel zu selten, denn es steht seit Jahren bei allen hoch im Kurs.

Zutaten: (4 Personen)
250 g Hafer
1 Zwiebel, klein geschnitten
1 Stange Staudensellerie, klein geschnitten
60 g Butter
200 g Erbsen (TK)
Petersilie, klein geschnitten
Liebstöckel-Blätter, getrocknet oder frisch, klein geschnitten
4 EL Pinienkerne, geröstet
50 g Parmesan, gerieben
Meersalz
Pfeffer

Haferkörner mit **Zwiebeln** und Butter im Topf bei mittlerer Hitze kurz anrösten. **Sellerie** hinzufügen.
Mit der doppelten Menge Wasser auffüllen, etwas salzen und aufkochen lassen. **Liebstöckel** unterrühren. Bei geringer Temperatur etwa 30 Minuten ausquellen lassen.
Gegen Ende der Kochzeit die **Erbsen** hinzufügen und nochmals mit Salz und Pfeffer abschmecken.
Die gehackte **Petersilie** mitsamt den gerösteten **Pinienkernen** unter den Hafer mischen und mit geriebenem oder gehobeltem **Parmesan** servieren.

MÖHREN-GRAUPEN-SUPPE

Diese Suppe schmeckt auch an kühlen, regnerischen Tagen im Frühling. Süße Möhren, frische Selleriestangen und junger Liebstöckel spielen die Hauptrolle, unterstützt von versteckter Parmesanrinde, einem Hauch von rauchigem Pimentòn de la Vera und etwas Schärfe. Ein Klecks Crème fraîche mit Petersilie und Olivenöl runden alles ab. Dazu passt eine Scheibe Brot.

Zutaten: (4 Personen)
150 g Perlgraupen, abgebraust
1 Zwiebel, gewürfelt
1 Knoblauch, klein gehackt
4 – 5 Möhren, in Scheiben
2 – 3 Stangen Staudensellerie, klein geschnitten
2 EL frischer Liebstöckel, klein gehackt
1 Lorbeerblatt
1 l Gemüsebrühe
1 Stück Parmesanrinde
1 Prise Pimentòn de la Vera
Piment d´Espelette (alternativ: Cayennepfeffer)
Meersalz
Pfeffer
150 g Crème fraîche
1 EL Petersilie, gehackt
5 EL Olivenöl

Olivenöl in einem Schmortopf erhitzen und darin Zwiebel, **Knoblauch, Möhren** und **Selleriestange** etwas andünsten. Die **Graupen** hinzufügen, ebenso die Parmesanrinde, das Lorbeerblatt und Liebstöckel und mit der Gemüsebrühe angießen. Mit Pimentòn de la Vera, Piment d´Espelette und Pfeffer würzen. Aufkochen lassen und 30 Minuten zugedeckt leicht köcheln. Abschmecken und Lorbeerblatt sowie eventuell die Parmesanrinde entfernen (man könnte sie auch klein geschnitten mitessen).
Crème fraîche mit Petersilie, etwas Salz und Pfeffer verrühren. Auf die Teller verteilen und mit Olivenöl beträufeln.

REISPATTIES

Ein Patty ist nichts anderes als ein Bratling, klingt aber ein bisschen sexyer. Diese hier kann man ohne alles einfach so vernaschen oder einen Salat dazu machen oder wie einen Burger behandeln und in ein entsprechendes Brötchen mit Ketchup, Salatblatt, Gurke, Zwiebelscheibe und Tomate betten. Ihr Hauptbestandteil ist Naturreis, zum Beispiel Roter Reis oder eine Wildreismischung, und sie sind so unglaublich gut, dass ich mich hinterher meistens ärgere, wenn ich nicht gleich die doppelte Portion gemacht habe.
Übrigens ist dies – jedenfalls bei uns – ein klassisches Resteessen. Zu viel Reis für die gefüllten Paprikas gekocht? Dann her damit. Es kommt bei der Zusammensetzung des Teiges nicht auf die allergenauesten Mengenverhältnisse an. Man kann mehr Brot nehmen, auch mehr Reis, aber am Ende sollte alles gut abgeschmeckt sein.
Tipp: Die Patties lassen sich sowohl gebraten als auch ungebraten sehr gut einfrieren.

Zutaten: (10 Patties)
125 g Naturreis (gerne auch Roter Camargue Reis)
(alternativ: 250 g gekochter Naturreis)
½ altes Brötchen
(alternativ: 1 Scheibe Toast)
50 g Couscous
50 g Haferflocken
50 g Emmentaler od. Gouda
1 Ei
½ TL Gemüsebrühe, Instant
½ TL Oregano, getrocknet
½ TL Majoran, getrocknet
Salz
Pfeffer
2 EL Sojasauce
2 TL scharfer Senf
Öl zum Anbraten

Den **Reis** nach Packungsanleitung in ca. 40 Minuten garen. Das **Brötchen** in warmes Wasser einweichen, nach einer halben Stunde gut ausdrücken und zerpflücken.
Couscous mit 50 ml kochender Gemüsebrühe übergießen und zugedeckt 10 Minuten quellen lassen.
In einer Schüssel den Reis mit sämtlichen anderen Zutaten vermischen, gut abschmecken und zu einer relativ festen Masse verarbeiten. Mit einem Löffel etwa 10 Patties abstechen, die am besten mit nassen Händen jeweils zu abgeflachten Bratlingen geformt werden.
Die Patties in einer beschichteten Pfanne mit Öl von beiden Seiten knusprig anbraten.

GEBRATENER REIS MIT TOFU UND BUNTEM GEMÜSE

Ein Wok oder eine schwere Schmorpfanne sind hier von Vorteil, weil mit hoher Hitze gekocht wird. Zuerst den Tofu anbraten, dann das Gemüse und schließlich den Reis. Fertig in 10 Minuten und richtig lecker, knackig und zudem vollwertig.

Man beginnt mit der Vorbereitung aller Zutaten. Dann in einem Wok das Fett erhitzen und zuerst den **Tofu** darin anbraten, bis er bräunt. Die Würfel auf die Seite schieben, eventuell etwas Fett hinzufügen und dann **Ingwer, Knoblauch** und **Chili** kurz anbraten. An den Rand schieben. Nun die verschiedenen **Gemüse** in die Mitte des Topfs geben, mit Wok-Gewürz bestreuen und unter Rühren und Schwenken anbraten. Mit Sojasauce und Brühe ablöschen und weitere 2 Minuten köcheln lassen, bis die Flüssigkeit verdampft ist. Die Mitte des Topfs wieder frei schieben, dort den Zucker in der Butter kurz schmelzen lassen und **Reis** darauf verteilen. Nerven behalten und für einige Sekunden eine Kruste ansetzen lassen – das wäre perfekt. Verbrennen sollte es allerdings nicht. Gemüse und Tofu unter den Reis heben. Einmal alles gut abschmecken und mit **Erdnüssen** bestreut servieren.

Zutaten: (4 Personen)
150 g Vollkorn-basmati, gekocht
200 g Tofu
Chilischote, in Ringe
1 Knoblauchzehe, klein gewürfelt
1 Stück Ingwer, fein geschnitten
1 Möhre, gestiftelt
1 Tasse Zuckerschoten
1 Tasse Rosenkohl, geviertelt
1 Schalotte, in Streifen geschnitten
1 TL Wok-Gewürz (alternativ: Chili, Fenchel, Bockshornklee, gemahlen)
2 EL Erdnüsse, geröstet
3 EL Sojasauce
1 Tasse Instant-Gemüsebrühe
Meersalz
1 TL Zucker
Kokosöl
1 EL Butter

ERBSEN-MÖHREN-HIRSOTTO MIT PETERSILIEN-SAHNE

Vögel wissen, was gut ist. Und die abfällig gemeinte Äußerung mancher Karnivoren, die Hirse als Vogelfutter bezeichnen, ist schlichtweg ignorant, denn Hirse ist das Getreide mit den meisten Mineralstoffen, vor allem Magnesium, Kalzium, Phosphor, Fluor und Eisen. Sie enthält außerdem Lezithin, wichtige Vitamine und einen hohen Gehalt an Kieselsäure. Kurzum: Hirse hält uns schön und gesund.
Hirse kann im Grunde wie Reis eingesetzt werden. Man kann sie mit Gemüse zu einem Hirsotto verarbeiten, wie hier mit Möhren und Erbsen, das mit untergehobener Petersilien-Sahne zu einem lockeren und sehr schmackhaften Gericht wird.

Zutaten: (4 Personen)
150 g Hirse
Gemüsebrühe
1 kleine Zwiebel, gewürfelt
1 große Möhre, gewürfelt
1 Tasse Erbsen (TK)
1 Stange Staudensellerie (optional), klein geschnippelt
100 ml Sahne
2 EL Petersilie, gehackt
Meersalz
50 g Butter

Hirse nach Packungsanleitung in Gemüsebrühe garen. Die Flüssigkeit sollte komplett verdampft sein, damit sich die Hirse locker aufschlagen lässt.
Zwiebeln, Möhrenwürfel, Erbsen und **Sellerie** in einem Schmortopf in der Butter für 5-10 Minuten andünsten, am besten bei geschlossenem Deckel, mit Salz abschmecken und mit der Hirse vermischen.
Die **Sahne** steif schlagen, gehackte **Petersilie** hinzufügen und vorsichtig unter das Hirsotto heben. Sofort servieren.

SPINAT-POLENTA MIT TOMATENSAUCE

Ein Essen der Kategorie Comfort Food: warme, süßliche Polenta, fruchtige Tomatensauce, Parmesan. Schnell gemacht, schmeckt allen. Und ist dafür unverschämt einfach. Ich koche Polenta mittlerweile am liebsten mit einer Mischung aus Gemüsebrühe und (Hafer-) Milch, spare auch nicht an Butter und Käse. Dann wird sie richtig gut.

Zutaten: (4 Personen)
250 g Polenta
500 ml Milch
500 ml Gemüsebrühe
1 TL Meersalz
Muskat, gerieben
20 g Butter
200 g Spinat (frisch oder aufgetaut)
4 EL Parmesan, gerieben
200 ml Tomatenpassata
4 Tomaten, gewürfelt
1 Knoblauchzehe, gehackt
½ TL Oregano, getrocknet
Meersalz
evtl. 1 Prise Zucker
Olivenöl

Milch mit **Gemüsebrühe**, Salz und Muskat aufkochen. **Polenta** einrühren und auf kleinster Stufe nach Packungsanleitung quellen lassen. Butter zusammen mit dem **Spinat** unterrühren (falls er frisch ist, vorher kurz blanchieren). **Parmesan** zur Hälfte ebenfalls in die Polenta geben, so zerläuft er noch, und die Polenta wird cremig. Für eine reichhaltigere Polenta erhöht man Käse- oder Buttermenge.
Für die Tomatensauce die **Knoblauchzehe** in Olivenöl etwas andünsten, dann gewürfelte **Tomaten** und **Passata** hinzufügen und mit **Oregano** und Salz (eventuell auch mit der Prise Zucker) würzen und etwas einköcheln lassen.
Polenta mit der Tomatensauce servieren und mit restlichem Parmesan bestreuen.

FEINE GRÜNKERN-BÄLLCHEN MIT PARMESAN

Altbewährte Rezepte verliert man wegen der Fülle des Angebots manchmal aus dem Blick. Diese Grünkern-Bällchen gehören leider auch dazu. Sie stammen aus einem meiner ersten vegetarischen Kochbücher von vor Jahrzehnten, als man noch von Vollwertkost sprach und nicht von Low Carb oder Clean Eating.
Die Bällchen schmecken einfach fabelhaft, sie haben eine feine Konsistenz, und der Parmesan gibt ihnen das gewisse Etwas. Sie passen wunderbar zu gedünstetem Spinat oder Salat. Darüber hinaus sind sie bestens geeignet für die Lunchbox für Büro oder Schule.

Zutaten: (4 Portionen bzw. 12 Bällchen)
1 Zwiebel, fein gewürfelt
40 g Butter
250 g Grünkerngrieß
300 ml Gemüsebrühe
1 Ei
40 g Parmesan, gerieben
Meersalz
Butter zum Anbraten

Die **Zwiebel** in der Butter glasig dünsten. Den **Grünkerngrieß** unterrühren, mit der Brühe angießen, aufkochen und bei ganz milder Hitze 15 Minuten ausquellen lassen.

Etwas auskühlen lassen, dann **Ei** und **Parmesan** unterrühren und mit Salz abschmecken. Aus dem Teig mit nassen Händen 12 Bällchen formen und in Butter von beiden Seiten 3 – 5 Minuten anbraten.

LUNCH BOWL MIT QUINOA

Diese Regenbogen-Mischung aus Salat, Gemüsen, Quinoa, Sprossen und Obst ist perfekt für die Mittagspause und sorgt für neue Energie. Geröstete Nüsse, Mandeln oder Sonnen- und Kürbiskerne bringen Sättigung und zusätzliches Aroma.
Praktischerweise lässt sich alles schon am Vorabend zubereiten und ist äußerst variabel in der Zusammenstellung. Anstelle von Quinoa können Reis, Kichererbsen oder auch Couscous verwendet werden. Am besten füllt man alles gleich in eine Frischhaltedose oder ein Schraubdeckelglas, wenn es transportiert werden muss.
Wichtig ist, genügend Sauce zu machen, diese aber wegen des Blattsalats besser getrennt in einem kleinen Marmeladenglas mitzunehmen und erst zum Verzehr über das Grün und den Rest zu gießen. Ob Vinaigrette, Frenchdressing oder Joghurtsauce, ist allein eine Frage des persönlichen Geschmacks.

Zutaten: (1 Person)
1 Rote Bete, im Ofen gegart
½ Avocado, in Scheiben
¼ Papaya, in Scheiben
1 Stück Gurke, in Stücke geschnitten
1 Handvoll Salatblätter (hier: Rucola, Radicchio)
1 EL Heidelbeeren
Sprossen
2 EL Quinoa, gekocht
2 EL Nüsse, geröstet
½ Zitrone, Saft
Meersalz

Für eine Vinaigrette:
4 EL Olivenöl,
2 EL Himbeeressig
Kräutersalz
1 TL Senf
1 EL Agavendicksaft

Die **Rote Bete** (eventuell schon auf Vorrat mehrere Knollen) im Backofen bei 200° C Umluft 40 Minuten rösten. Dafür am besten halbieren und mit der Schnittfläche nach unten in eine Auflaufform setzen. Wenn sie gar ist, die Schale entfernen. Rote Bete für den Salat würfeln, etwas salzen und mit **Zitrone** beträufeln. Mit der **Avocado** und **Papaya** auf einem Teller anrichten oder in einem Gefäß schichten und diese ebenfalls mit Zitrone beträufeln. **Salat, Quinoa, Beeren** und **Nüsse** hinzufügen und vor dem Essen mit der Sauce übergießen.

NUDELN, GNOCCHI & CO

Spaghetti Cacio e Pepe
Brennnessel-Ravioli mit Salbei
Grünkohl-Lasagne
Mediterraner Eintopf mit Kichererbsen
Capellini mit geschmortem Spargel
Capellini mit Tomatensauce aus dem Ofen
Pasta mit Auberginen-Steinpilz-Ragout
Capellini mit Bällchen in Tomatensugo
Pasta mit Zucchini-Champignon-Currysahne
Nudeln mit Blumenkohl, Oliven und Petersilie
Sizilianischer Nudelauflauf mit Auberginen
Orecchiette mit Palmkohl in Parmesancreme
Schwäbische Maultaschen mit Kräuter-Spinatfüllung
Pasta mit Kürbis, Rosmarin und Halloumi
Kürbis-Schupfnudeln mit geschmelzten Zwiebeln
Gnocchetti con Crema di Pecorino e Basilico
Udon-Nudelsuppe mit knusprigem Tofu, Spitzkohl und Chiliöl
Mangold-Nocken
Spinat-Gnocchi mit Salbeibutter
Reisnudeln mit Palmkohl
Gnocchetti mit Nusssauce
Woknudeln süß-scharf gebraten
Weißkohl-Strudel mit Petersilie-Velouté
Gyoza mit pikanter Sauerkraut-Füllung

„ICH DACHTE, ES GIBT NUDELN"

Ich finde, das anstrengendste beim Kochen ist die Planung. Gut, man kann natürlich jeden Tag Nudeln kochen, einmal mit, ein andermal ohne Tomatensauce. Mein Mann begräbt sowieso alles unter Bergen von geriebenem Parmesan, da ist das egal. Nudeln mit Gorgonzola, mit Pesto oder Grünkohl-Lasagne, zwischendurch auch mal eine Pizza oder ein Dhal – und alle wären glücklich. Bis auf mich, ich stehe mehr auf Gemüse.
Aber ich bin die Köchin! Ich halte das Zepter in der Hand bzw. den Kochlöffel, was im Endeffekt auf das Gleiche hinausläuft.

An Kreativität oder Fantasie mangelt es mir nicht, aber leider oft an Zeit. Die schlimmste Situation ist, wenn ich mit etwas sehr beschäftigt bin (und das bin ich oft), plötzlich die Kinder um halb drei vor der Haustür stehen oder aus irgendeiner Ecke des Hauses die tägliche Frage aller Fragen erschallt, im Raum schwebt und mich unter Druck setzt.

„Was gibt es heute zu essen?"

Noch habe ich nicht geantwortet, noch habe ich mich nicht festgelegt. Ich weiß es nämlich schlicht noch nicht. Das ist der worst case.

Ich könnte jetzt antworten: „Nudeln".

In meiner Verzweiflung mache ich das auch manchmal. Okay, ihr habt gewonnen, ich gebe auf. Dann gibt es noch den Fall, dass ich zwar Nudeln in Aussicht stelle, damit vorläufig Ruhe einkehrt und ich mir einen kleinen zeitlichen Aufschub verschaffen kann. Aber dann folgt der Blick in den Kühlschrank oder die Biokiste, im Sommer der Gang in den Garten, die Inspiration kommt dabei meistens von allein.

Dann jedoch kann es ganz leicht passieren, dass aus der versprochenen Pasta etwas ganz anderes wird. Zum Beispiel Blumenkohl-Fritter, gefüllte Crêpes oder Rote Bete-Risotto. Und wenn am Ende Wok-Gemüse dabei rauskommt, gibt es eben ein paar asiatische Nudeln dazu. Die Zubereitung darf nicht allzu lange dauern, denn die hungrigen Mäuler sitzen mir im Nacken.

„Ihr könnt den Tisch decken!"

Verdächtige Ruhe herrscht in allen Stockwerken. Sind denn alle schon wegen Unterzuckerung einem Schwächeanfall erlegen? Ich nehme meine Kuhglocke zur Hand. Damit hört mich mein Mann bei laufendem Rasenmäher notfalls noch am anderen Ende des Grundstücks. Die Hunde halten sich die Ohren zu. Langsam kommt Bewegung in die eingeschlafene Situation, während (natürlich) ich den Tisch schon gedeckt habe und erleichtert das Essen auftrage: leckere Rote Linsen-Kokos-Suppe mit Spinat.

„Ich dachte es gibt Nudeln!"

Ich höre den stillen Vorwurf in der Stimme meines Mannes. Was soll ich dazu sagen? Ich habe eben umdisponiert, Nudeln gibt es morgen. Vielleicht. Das wäre nämlich der best case: eine ordentliche Planung. Das schont die Nerven – zumindest meine.

SPAGHETTI CACIO E PEPE

Cacio e Pepe gehört zu Italien wie Butter auf frisches Brot – ist also ganz und gar nicht wegzudenken. Beheimatet ist das Nudelgericht in der römischen Küche, und wie der Name schon sagt, sind die Hauptbestandteile Cacio, ein Pecorino aus dem Latium, und reichlich Pfeffer. Hört sich banal an? Ist es aber durchaus nicht und schmeckt köstlich.
Der Clou bei dem Rezept ist, dass der Pfeffer geröstet und der fein geriebene Käse mit etwas Nudelwasser verrührt wird. Die darin enthaltene Stärke bindet das Ganze dann zu einer leicht sämigen Sauce, die sich schön an die Nudeln schmiegt.
Erwartet habe ich beim Auftischen großes Geschrei von wegen zu viel Pfeffer und Pecorino, und überhaupt schmecken Spaghetti allein mit Butter doch am besten, aber weit gefehlt. Die Nutznießer meiner täglichen Anstrengungen waren restlos begeistert, mein Sohn hing mir in einem Anfall von Dankbarkeit sogar am Hals.

Zutaten: (4 Personen)
200 g Pecorino, möglichst fein gerieben, zimmerwarm
1 – 2 TL schwarzer Pfeffer, frisch aus der Mühle
60 g Butter
Meersalz
Spaghetti

Reichlich **Pfeffer** in einer Pfanne mit **Butter** vorsichtig anrösten. Die Spaghetti in etwas weniger Salzwasser als gewöhnlich al dente kochen. Nudeln in einem Sieb abtropfen lassen, dabei 200 ml vom Nudelwasser zurückbehalten.
Die Spaghetti mit der Pfeffer-Butter in einem Topf gut vermischen und warm halten.
Die Hälfte vom Nudelwasser langsam in einer Schüssel mit dem geriebenen **Pecorino** verrühren. Am besten nimmt man dafür einen Schneebesen und schlägt möglichst kräftig. Nach und nach mehr Wasser kräftig einrühren. Je nachdem, wie dick oder dünn die Sauce sein soll, das Wasser dosieren.
Nun wird sie unter die Nudeln gehoben und gut und kräftig vermischt, so wird alles schön cremig.

BRENNNESSEL-RAVIOLI MIT SALBEI

Diese Ravioli mit ihrer aromatischen, würzigen Brennnessel-Ricotta-Füllung sind der Knaller. Die Würze der Brennnesselblätter ist wirklich einmalig. Selbst unser kritischer italienischer Nachbar war entzückt. Und das beste: Brennnesseln sind das tollste Superfood überhaupt, sie kosten nichts und wachsen im Garten. Die jungen Triebe werden vor allem wegen ihres hohen Gehalts an Flavonoiden, Mineralstoffen wie Magnesium, Kalzium und Silizium, Vitamin A und C (etwa doppelt so viel wie in Orangen) sowie Eisen geschätzt. Unglaublich aber wahr: Die Brennnessel enthält in der Trockenmasse etwa 30 % Eiweißanteil.

Die **Brennnesseln** kurz in Wasser blanchieren (wenn man das ohne Salz macht, kann man mit der abgekühlten Flüssigkeit seine Pflanzen gießen). Dann mit den anderen Zutaten in einem Gefäß pürieren.
Die **Teigplatten** auf eine bemehlte **Ravioliform** legen, die Füllung mit einem Teelöffel darauf verteilen, die zweite Teigplatte mit einem Nudelholz fest darüber rollen und die fertigen Nudeln herauslösen.
Alternativ **(ohne Ravioliform)** die zweite Teigplatte vorsichtig über die kleinen Häufchen der Füllung legen, die Zwischenräume mit einem Rührlöffel andrücken und mit einem Teigtaschenrad die Nudeln voneinander trennen. Immer auf einer gut bemehlten Fläche arbeiten, vor allem bei selbstgemachtem Teig.
Die **Nudeln** portionsweise in reichlich kochendem Salzwasser 2 - 3 Minuten ziehen lassen.
Währenddessen **Butter** in einem Topf schmelzen und mit den **Salbeiblättern** leicht bräunen für ein besonders nussiges Aroma. Mit Fleur de Sel salzen.
Die Nudeln mit einem Schaumlöffel aus dem Wasser heben und auf einer Servierplatte im Ofen warmhalten. Damit sie nicht zusammenkleben, mit Butter beträufeln.
Sind alle Ravioli fertig gekocht, mit der restlichen gebräunten Butter übergießen, eventuell Fleur de Sel darüber streuen, mit Parmesan servieren.

Zutaten: (6 Personen)
Nudelteig: siehe Grundrezept S. 100 oder ersatzweise 500 g fertiger Teig

Für die Füllung:
200 g junge Brennnessel-Blätter
250 g Ricotta
1 Ei
1 Scheibe Toast
Meersalz
Pfeffer
Thymian
Für die fertigen Nudeln:
125 g Butter zum Schwenken
20 Salbeiblätter, frisch
Fleur de Sel
Parmesan
Pfeffer
Tipp: Eine Ravioliform erleichtert die Herstellung enorm, ist aber nicht zwingend erforderlich.

GRÜNKOHL-LASAGNE

Die Grünkohl-Lasagne kommt kochend heiß und dampfend aus dem Ofen, ihre cremige Decke brodelt und die Füllung blubbert noch. Das Problem ist, alle warten ungeduldig, dass es endlich mit dem Essen losgeht und stürzen sich darauf. Eine gut gemachte Lasagne gehört wohl zu den Gerichten, die die meisten lieben. Die Zubereitung ist ganz einfach. Im Prinzip macht man zweierlei: die Füllung und die Béchamel, alles wird geschichtet und mit Käse überbacken. Den Grünkohl bereite ich hier mit gehackten Tomaten zu, das gibt ihm eine fruchtige Note, und die sahnige Béchamel mit ihrem dezenten Aroma von Thymian schmeichelt dem Gaumen. Im Ofen verschmilzt dann alles zu einer unübertroffenen Einheit.

Zutaten: (6 Personen):
ca. 16 Lasagneblätter
600 – 800 g Grünkohl frisch, von den Stängeln gestreift
1 Zwiebel, groß, gewürfelt
2 – 3 Knoblauchzehen
3 EL Zwiebelschmalz
300 g gewürfelte Tomaten (evtl. aus der Dose)
50 g Butter
2 EL Mehl
250 ml Schlagsahne
200 ml Milch
2 TL Thymian, getrocknet
1 Lorbeerblatt
Salz
Pfeffer
Muskatnuss
200 g Emmentaler, gerieben
200 g Mozzarella, zerrupft

Die **Grünkohlblätter** gut waschen und in einem großen Topf in zwei oder drei Portionen für 3 Minuten blanchieren. Auf einem Sieb abtropfen lassen, später noch etwas ausdrücken und mit einem schweren Messer grob hacken.
Backofen auf 180° C Umluft vorheizen.
In dem Topf das **Zwiebelschmalz** mit den **Zwiebeln** und **Knoblauchwürfeln** andünsten, den **Grünkohl** dazu geben, die **Tomatenwürfel**, 1 Tasse Wasser, Salz und Pfeffer und alles gut umrühren. Bei mittlerer Hitze zugedeckt köcheln lassen.
Für die **Béchamelsauce** in einem kleineren Topf die Butter schmelzen lassen und darin das Mehl mit dem **Thymian** und dem **Lorbeerblatt** anschwitzen. Mit Sahne und Milch ablöschen, einmal aufkochen lassen und herzhaft mit Salz, Muskatnuss und Pfeffer abschmecken, noch 5 Minuten leicht köcheln lassen.
Eine Auflaufform mit Butter einfetten. Man schichtet dann wie folgt: Eine Lage mit Lasagneblättern (notfalls muss man sie etwas zerbrechen und der Form anpassen), dann die Hälfte des Grünkohls darauf verteilen, eine weitere Lage mit Lasagneblättern, die Hälfte der Béchamel, die Hälfte vom Käse, wieder Lasagneblätter und den Vorgang wiederholen. Am Schluss verteilt man den restlichen Käse obendrauf. Den Auflauf etwa 30 Minuten im Ofen garen.
Aus dem Ofen nehmen und noch 10 Minuten ruhen lassen.

MEDITERRANER EINTOPF MIT KICHERERBSEN

Zutaten: (4 Personen)
250 g Nudeln, mittleres Format
250 g Kichererbsen (abgetropft, Dose)
400 g Kirschtomaten, halbiert
1 Zwiebel, klein gehackt
2 Knoblauchzehen, klein gehackt
1 - 2 Peperoncini, getrocknet, klein gehackt
1 Zweig Rosmarin, ganz
10 Salbeiblätter, frisch, in Streifen
5 Stängel Thymian, frisch, abgezupft
6 - 10 EL Olivenöl
1 l Gemüsebrühe
2 - 3 EL Oliven
Meersalz

Die mediterranen Kräuter und Tomaten im Garten tanken im Sommer viel Sonne und schmecken dann besonders gut. Der Brühe dieser dicken Suppe kommt das sehr zugute, da sie all diese tollen Aromen von den reifen Früchten, von Rosmarin, Knoblauch, Peperoncino, Salbei und Thymian aufnimmt und an die Nudeln, die darin garen, abgibt. Als Nudelform empfiehlt sich hier ein mittleres, rundes Format. Den Schärfegrad des Eintopfs kann man nach Belieben steuern, ich habe ihn recht feurig gemacht. Kichererbsen sättigen und liefern wertvolle Proteine. Der Geschmack der Oliven versetzt einen sofort nach Italien.

Reichlich **Olivenöl** in einem Topf mäßig erhitzen und klein gehackte **Zwiebel, Knoblauch** und **Peperoncino** darin andünsten. Nach wenigen Minuten sämtliche **Kräuter** hinzufügen, kurz schwenken und dann die Tomaten hineingeben. Die Tomaten werden jetzt Saft abgeben und zusammenfallen. **Gemüsebrühe** in den Topf schütten und aufkochen, dann die **Kichererbsen** und **Nudeln** unterrühren, mit Salz abschmecken und alles leise köcheln lassen, bis die Nudeln gar sind.

CAPELLINI MIT GESCHMORTEM SPARGEL

Von wegen: Auch wenn dieses Nudel-Gericht mit dem weißen Spargel so Ton in Ton ein wenig blass rüberkommt - sein Aroma ist es wahrlich nicht. Im Gegenteil. Der Spargel wird im Schmortopf im eigenen Saft gegart, was vom Sud übrig bleibt, mit Wein abgelöscht und mit Limettensaft und Ricotta verfeinert. Damit aber nicht genug. Pinienkerne und frische Thymianblättchen geben ihm eine handfeste Basis und machen den sonst so geliebten Parmesan überflüssig. Ein neuer Liebling.

Den **Spargel** schälen. In einem Schmortopf die Butter schmelzen, den Spargel darauf legen, mit Salz und Zucker bestreuen und etwa 10 Minuten bei geschlossenem Deckel schmoren, sodass der Saft im Topf bleibt. Der Spargel ist nun gar, hat aber noch Biss. Die Spargelstangen herausnehmen und in schräge, mundgerechte Stücke schneiden.
Die Capellini in kochendem Salzwasser garen. **Pinienkerne** nebenbei in einer Pfanne ohne Fett hellbraun rösten.

Den köchelnden Sud mit etwas **Nudelwasser** und **Wein** ablöschen und mit einem Rührbesen den **Ricotta** mit dem **Limettensaft** darin glattrühren. Eventuell noch einmal abschmecken.
Die Capellini abgießen und in den Schmortopf umfüllen. Gut mit der Ricottacreme vermischen. Die Spargelstücke dazugeben, um sie kurz aufzuwärmen und alles auf Tellern anrichten. Mit **Pinienkernen** und **Thymianblättchen** bestreuen und genießen.

Zutaten: (2 Personen)
200 g Capellini
300 g Spargel, weiß
40 g Butter
2 EL Ricotta
½ Limette, Saft
2 Prisen Meersalz
1 Prise Rohrohrzucker
1 Schuss Weiß- oder Roséwein
2 EL Pinienkerne, geröstet
Thymianblättchen, frisch

CAPELLINI MIT TOMATENSAUCE AUS DEM OFEN

Zutaten: (4 Personen)
400 g Capellini
Für die Sauce:
800 g Tomaten, in Stücke geschnitten
1 Zwiebel, in Streifen geschnitten
2 Knoblauchzehen, in Scheibchen geschnitten
2 EL Oliven
½ TL Chiliflocken
1 Prise Salz
1 Prise Zucker
1 Handvoll Basilikumblätter
4 EL Olivenöl
Zum Bestreuen:
Parmesan

Tomatensauce ist nicht gleich Tomatensauce. Am besten aber ist die selbst gekochte, mit Stücken oder ohne, passiert oder glatt püriert, mit Knoblauch oder Zwiebeln oder Basilikum oder oder …, die Variationen sind schier endlos. Gerade Saucen mit frischen Tomaten sind durch ihre gröbere Struktur besonders fruchtig. Kommt das Gemüse aus dem Ofen, wird es noch süßer. Wir haben Oliven, Basilikum, Knoblauch und Zwiebeln untergemischt. Einfach und doch so gut!

Für die Sauce in einem ofenfesten, am besten gusseisernen Topf **sämtliche Zutaten** miteinander vermischen und im Ofen bei 190° C Umluft etwa 30 Minuten ohne Deckel schmoren lassen. Danach abschmecken.

Gegen Ende der Garzeit die **Nudeln** in Salzwasser al dente kochen und abgießen. Dann zu dem geschmorten Gemüse geben und eventuell noch einmal kurz erhitzen. Am besten auf im Ofen vorgewärmten Tellern, mit Parmesan bestreut servieren.

PASTA MIT AUBERGINEN-STEINPILZ-RAGOUT

In Italien findet man auf den Speisekarten häufiger mal Pasta mit Wildschweinragout, einer dicken, sämigen, deftigen Sauce, bei der meinem Mann das Wasser im Mund zusammenläuft. Tja, zu Hause gibt es das natürlich nicht, obwohl wir Wildschweine genug im Garten haben. Deshalb habe ich daraus ein Auberginen-Steinpilz-Ragout gemacht, das - ich zitiere meinen Gatten - „mindestens genauso gut schmeckt". Das Geheimnis liegt in der (für Gemüse) langen Garzeit, in der sich die Aromen so richtig schön entfalten können. Die Sauce zergeht förmlich auf der Zunge. Ein Schluck kräftiger Rotwein (eventuell auch für die Sauce) passt perfekt. Ein Gericht, das auch Gäste gerne essen.

Falls man mit **getrockneten Steinpilzen** arbeitet, diese in etwas heißem Wasser einweichen, sodass sie bedeckt sind. Das Wasser nachher weiterbenutzen.
Schalotten, Knoblauch und Auberginenwürfel in reichlich Olivenöl in einem Schmortopf anbraten, dabei den Deckel geschlossen halten, damit das Wasser nicht verdampft. Zwischendurch umrühren.
Nach etwa 10 Minuten **Rosmarinzweig**, Zucker, **Tomatenmark** und **Tomatenpassata** hinzufügen, eventuell **Rotwein**, die Steinpilzpaste (oder alternativ die eingeweichten, ganz fein geschnittenen **Steinpilze** mit dem Einweichwasser) dazu und gut umrühren. Im geschlossenen Topf etwa 1 Stunde auf kleiner Stufe schmurgeln lassen. Bei Bedarf mit **Olivenöl**, Salz und Pfeffer abschmecken. In der Zwischenzeit die Teller vorwärmen. Das Ragout mit den gekochten Nudeln im Topf vermischen und mit Parmesan servieren.

Zutaten: (4 – 6 Personen)
400 g Nudeln
2 mittlere Auberginen, kleine Würfel
2 Schalotten, klein geschnitten
1 Knoblauchzehe, klein geschnitten
1 Zweig Rosmarin
optional: Rotwein
400 ml Tomatenpassata
2 EL Tomatenmark
½ TL Zucker
2 EL Steinpilzpaste (oder 80 g getrocknete Pilze)
Meersalz
Pfeffer
Olivenöl

CAPELLINI MIT BÄLLCHEN IN TOMATENSUGO

Ich gebe zu, in unserer Familie hat der einzig verbliebene Fleischesser das Nachsehen. Er vermisst zwar nichts, freut sich aber über diese vegetarische Variante der „Spaghetti con polpette". Ich mache immer gleich die doppelte Portion, denn sie lassen sich vielseitig einsetzen und gut einfrieren.

Für die **Seitan-Bällchen** die **Soja-Schnetzel** mit der doppelten Menge kochendem Wasser, Salz und 1 EL Gemüsebrühe übergießen und für 10 Minuten quellen lassen. Danach im Blender ganz kurz etwas feiner zerhäckseln, sie sollen unbedingt noch Struktur behalten. Dann rührt man 300 ml **Wasser, Tomatenmark, Knoblauch, Senf, Sojasauce** und **Olivenöl** unter. In einer größeren Schüssel nun die trockenen Zutaten, also das **Gluten**, **Semmelbrösel, Fenchel** und **Oregano** vermischen. Erst jetzt schüttet man die Soja-Schnetzel-Mischung zum Gluten und knetet alles gut mit den Händen zu einer einheitlichen Masse.
Daraus 24 gleich große Bällchen formen und auf ein mit Backtrennpapier belegtes Backblech legen. Mit Öl bepinseln und bei 180° C Umluft für insgesamt 30 Minuten garen. Nach 15 Minuten werden sie dabei einmal gewendet. Für den **Tomatensugo** in einem schweren Topf die **Zwiebel** in 3 EL Olivenöl mit dem **Rosmarinzweig** und der Knoblauchzehe für 5 Minuten mit Deckel andünsten. Den Rosmarinzweig dann entfernen.
Jetzt fügt man **Sellerie, Möhre, Tomatenmark, Wein** und Gemüsebrühe hinzu, würzt mit 1½ TL Salz und reichlich Pfeffer und schmort alles für weitere 5 Minuten. Schließlich rührt man die Tomatenstücke unter und schmort das Ganze für 30 Minuten bei geschlossenem Deckel. Nach 25 Minuten grob pürieren, kleine Stückchen sollten erhalten bleiben. Die Sauce abschmecken, **12 Bällchen hineinlegen** und gerne noch 2 EL Olivenöl darüber träufeln. Deckel wieder schließen. Die Capellini garen derweil in kochendem Salzwasser. Mit Sugo und Bällchen auf Tellern anrichten.
Dazu: geriebener Pecorino.

Zutaten: (4 Personen)
300 g Capellini

Für die Seitan-Bällchen: (doppelte Menge, 24 Stück)
80 g Soja-Schnetzel, fein
1 EL Gemüsebrühe (Pulver)
2 TL Meersalz
200 g Gluten (Seitan-Pulver od. Seitan-Fix)
4 EL Semmelbrösel
2 TL Fenchelsamen, gemahlen
2 TL Oregano, getrocknet
4 EL Tomatenmark
2 Knoblauchzehen, gepresst
1 EL Senf
2 EL Sojasauce
4 EL Olivenöl

Für den Tomatensugo:
1 Zwiebel, klein gewürfelt
1 Stange Stauden sellerie, klein geschnitten
1 Möhre, klein geschnitten
1 Knoblauchzehe, ganz lassen
1 EL Tomatenmark
1 Rosmarinzweig
70 ml Weiß- oder Rotwein
400 ml Tomaten sin Stücken (Dose)
100 ml Gemüsebrühe
Meersalz
Pfeffer
Olivenöl

Zum Bestreuen:
4 EL Pecorino, gerieben

PASTA MIT ZUCCHINI-CHAMPIGNON-CURRYSAHNE

Dies ist - in nunmehr weiterentwickelter Version - eines der ersten vegetarischen Standardgerichte meiner Mutter, an das ich mich erinnere. Es wird bis heute bei uns zubereitet, weil es allen schmeckt und schnell gemacht ist. Selbst die Kinder kochen es für sich, wenn sie allein sind. Es wurde in ähnlicher Weise vor Jahrzehnten in einer Essen & Trinken-Ausgabe veröffentlicht, als vegetarische Rezepte sich in den Heften noch auf ein, zwei Gerichte beschränkten und recht exotisch waren. Wenn man keine Champignons zur Hand hat oder jemand gerade keine Pilze mag (so war es bei uns eine Weile), gehts auch ohne.
Wichtig finde ich bei diesem Rezept, dass man die Zucchini und Champignons nicht zu weich kocht, sie in der Currysahne eher nur richtig erhitzt. Ich gebe sie deshalb erst gegen Ende der Kochzeit zur Sauce.

Zutaten: (4 Personen)
350 g Spaghetti oder andere Pasta
1 Zucchini, in 1 cm-Würfel
100 g Champignons, in kleinere Stücke
1 Schalotte, klein gehackt
1 EL Mehl
1 EL Butter
200 ml Sahne
200 ml Hafer-Milch
2 – 3 TL Curry, mild
Meersalz
Pfeffer
2 EL Pinienkerne, geröstet
Petersilie, gehackt
Parmesan, gerieben

Nudeln in Salzwasser bissfest garen. Währenddessen in einem Topf die Butter schmelzen und **Zwiebeln** darin andünsten. Mit **Mehl** bestäuben, anschwitzen und mit **Sahne** und **Milch** angießen. Mit Salz und Curry würzen. Aufkochen und die Sauce bei reduzierter Hitze etwa 10 Minuten eindicken lassen. Wenn sie die richtige Konsistenz hat, die **Zucchini** und **Pilze** hinzufügen. Nochmal mit Salz und Pfeffer abschmecken. Etwa 2 – 3 Minuten erhitzen, die Zucchini sollen ihren Biss behalten. Nudeln abgießen und mit der Sauce vermischen. Weil Nudeln schnell abkühlen, auf warmen Tellern mit **Petersilie, Pinienkernen** und Parmesan servieren.

NUDELN MIT BLUMENKOHL, OLIVEN UND PETERSILIE

Nudeln sind einfach Alleskönner, sie können sogar mit Blumenkohl. Ich denke dabei jetzt nicht an einen sahnigen Auflauf mit Käse, das wäre ja langweilig, sondern an ein pikantes, zitroniges, geschmacklich differenziertes Pasta-Gericht, bei dem die Blumenkohlröschen von Oliven, Petersilie, Pinienkernen und Pecorino begleitet werden. Von Sauce möchte ich hier nur ungern sprechen, weil die einzelnen Aromen immer noch für sich stehen und doch ein gemeinsames Ganzes ergeben.

Am besten nimmt man für die Zubereitung des Gemüses einen großen **Schmortopf** oder eine Schmorpfanne, da die **Nudeln** am Ende dort untergemischt werden.
Die Nudeln in einem Topf mit gesalzenem Wasser nach Packungsangaben al dente kochen.
Währenddessen 3 EL **Olivenöl** in dem Schmortopf erhitzen und **Zwiebeln und Knoblauch** für 2 Minuten andünsten. Die **Blumenkohlröschen** hinzufügen und bei geschlossenem Deckel und mittlerer Hitze für ca. 8 Minuten weiter dünsten. Nun eine Kelle vom Nudelkochwasser hinzufügen für mehr Flüssigkeit. Der Blumenkohl sollte noch etwas Biss haben, auf keinen Fall zerkochen. **Petersilie, Oliven, Zitronenschale** unterheben und alles mit Salz, Pfeffer und Chili abschmecken.
Sind die Nudeln gegart, kann man sie abgießen (nicht zu trocken) und zum Gemüse in den Topf umfüllen. Nochmals abschmecken, mit mehr Olivenöl anreichern und am Schluss dann **Pecorino** unterheben und **Pinienkerne** darüber streuen.

Zutaten: (4 Personen)
350 g Nudeln
½ Blumenkohl, in dicke Scheiben, dann in Röschen
1 Zwiebel, in Streifen
1 Knoblauch, klein gehackt
3 - 4 EL Oliven, grün u/o schwarz
1 Bund Petersilie, gehackt
2 TL Zitronenabrieb (leckere Alternative: Salzzitronen, s. S. 159)
Chiliflocken oder -pfeffer
Meersalz
Pfeffer
Olivenöl
2 EL Pinienkerne, geröstet
80 g Pecorino, gehobelt

SIZILIANISCHER NUDELAUFLAUF MIT AUBERGINEN

Auberginen sind wärmeliebende Gewächse und gedeihen (wenn nicht gerade im holländischen Gewächshaus) im Süden besonders gut. Kein Wunder also, dass sie in Sizilien so häufig auf dem Speiseplan stehen und dort besonders gerne zusammen mit Nudeln und Tomaten verarbeitet werden. Ein Klassiker ist die Pasta alla Norma. Dieser Auflauf nutzt im Grunde die gleichen Zutaten als Basis und wird durch den Käse, der untergemischt wird und schön zerschmilzt, noch wunderbar angereichert. Die Sauce darf ruhig ein bisschen pikant werden.

Zutaten: (4 Personen)
350 g Rigatoni
1 Aubergine, in Würfel geschnitten
1 Handvoll Basilikumblätter
400 ml Tomatenstücke (Dose)
200 g Provolone (alternativ: Scamorza geräuchert oder Mozzarella), gewürfelt
Parmesan zum Bestreuen
Olivenöl
Meersalz
Pfeffer
Chiliflocken oder Peperoncino

Die **Nudeln** in Salzwasser garen, aber nur für die Hälfte der regulären Kochzeit. Dann durch ein Sieb gießen und etwas vom Nudelwasser auffangen.
In einer Pfanne die **Auberginenwürfel** in Olivenöl anbraten und leicht salzen. Währenddessen in einem kleinen Topf die **Tomatenstücke** mit Olivenöl, etwas Salz, **Chili** und der Hälfte vom **Basilikum** köcheln und pikant abschmecken. Mit 100 ml vom Nudelwasser strecken.
Eine Auflaufform mit Olivenöl einfetten, die Nudeln, Auberginenwürfel, **Provolone** und Basilikumblätter darin verteilen und etwas miteinander vermengen. Zum Schluss die **Tomatensauce** darüber gießen und mit **Parmesan** bestreuen.
Im 200° C Umluft vorgeheizten Ofen für 20 Minuten überbacken. Vor dem Servieren kurz ruhen lassen.

ORECCHIETTE MIT PALMKOHL IN PARMESANCREME

Ein Gericht mit nur ganz wenigen Zutaten, aber ganz viel Geschmack. Es ist die Abwandlung eines Rezepts vom britischen Sterne-Koch Theo Randall, der die Sauce mit Spinat zubereitet hat. Spinat kann also wunderbar als Alternative zum Palmkohl genommen werden.

Die **Nudeln** in Salzwasser al dente kochen.
Das Grün vom **Palmkohl** von den Mittelrippen streifen. Blätter in wenig Salzwasser 7 Minuten blanchieren, abgießen, ohne das Gemüse auszudrücken und beiseite stellen. Danach fein hacken. Die Flüssigkeit im Gemüse enthält viel Aroma und sollte deshalb auch zum Einsatz kommen.
In einem größeren Topf die **Sahne** mit den **Knoblauchscheiben** köcheln lassen, bis sie weich sind und duften. Den Topf vom Herd nehmen. Jetzt wird der **Parmesan** zur heißen Sahne gegeben, in der er schmilzt. Das verquirlte **Eigelb** unter die Sauce rühren, die damit schön eindickt. Stellt man nun den Topf auf den Herd, sollte der Inhalt nicht kochen, sonst gibts Rührei. Also nur bei ganz geringer Hitze weiterarbeiten. Palmkohl hinzufügen und alles mit Salz und Pfeffer gut abschmecken.
Die gekochten Nudeln mit etwas heißem Nudelwasser zu der Sauce geben und alles sorgfältig umrühren, bis Sauce und Nudeln eine schön cremige Konsistenz bekommen. Jetzt kann gegessen werden.

Zutaten: (4 Personen)
350 g Orecchiette
1 Bund Palmkohl (Cavolo Nero) (alternativ: 400 g frischer Spinat)
2 Knoblauchzehen, in dünne Scheiben geschnitten
200 ml Sahne
30 g Parmesan, ganz fein gerieben
1 Eigelb
Meersalz
Pfeffer

SCHWÄBISCHE MAULTASCHEN MIT KRÄUTER-SPINATFÜLLUNG

Diese Maultaschen könnte ich jeden Tag essen. Sie sind saftig, enthalten viel Füllung und wenig Teig (wenn man sie zum Beispiel mit Ravioli vergleicht) und schmecken einfach wunderbar nach Spinat und Kräutern. Traditionell werden sie in einer Brühe gegart und serviert und mit braun geschmelzten Zwiebeln garniert. Mit fertigem Teig sind sie recht schnell gemacht.
An den Rändern bleiben die Maultaschen offen, sodass beim Sieden Flüssigkeit eindringen kann. Aus mir unerklärlichen Gründen halten die Teigtaschen dennoch. Reste lassen sich in Streifen schneiden und am nächsten Tag in der Pfanne, eventuell mit einem Ei, anbraten.

Die **Vollkorn-Toastscheiben** in Wasser einweichen.
Den blanchierten Spinat in einem Sieb auskühlen lassen, gut das Wasser ausdrücken und dann auf einem Brett kleiner hacken. Die klein gehackte **Zwiebel** in etwas **Butter** andünsten. Zusammen mit dem Spinat, den gut ausgedrückten und zerrupften Vollkorntoastscheiben sowie den **Kräutern** in einer Schüssel vermischen und alles gut mit Salz und Pfeffer abschmecken.

Den **Nudelteig** auf der Küchenplatte ausrollen. Die Füllung dünn auf dem ganzen Teig verteilen, dabei oben einen kleinen Rand lassen. Diesen mit Wasser einpinseln.

Nun den Teig von unten her aufrollen, nicht rund wie Mohnschnecken, sondern eher etwas eckig geformt. Dann die Rolle in etwa 5 -Zentimeter-Abständen mit einem Kochlöffelstil vorsichtig herunterdrücken, gar nicht unbedingt bis ganz nach unten, denn der Teig sollte möglichst nicht reißen.

Mit einem Messer die **Maultaschen** voneinander trennen und in der **Gemüsebrühe** etwa 10 Minuten sieden (nicht kochen!) lassen.

Unterdessen die in Streifen geschnittene **Zwiebel** in Butter kross und braun anbraten.

Maultaschen in der Brühe anrichten und mit geschmelzten Zwiebeln und **Schnittlauchröllchen** servieren. Übrig gebliebene Maultaschen am nächsten Tag in einer Pfanne mit etwas Butter anbraten.

Zutaten: (4 – 6 Personen)
500 g fertiger Nudelteig
500 g Spinat, blanchiert
1 Zwiebel, klein gehackt
1 Bund Schnittlauch, in Röllchen geschnitten
1 Bund Petersilie, klein gehackt
3 Scheiben Vollkorntoast
1 Zwiebel, in Streifen geschnitten
Butter
3 l Gemüsebrühe

PASTA MIT KÜRBIS, ROSMARIN UND HALLOUMI

Es gibt Ernährungs-Studien, die behaupten, dass man Kindern unliebsame Lebensmittel nur oft genug anbieten muss, damit sie sich daran gewöhnen. Nun gut, mit dem Kürbis versuche ich das jetzt schon seit Kindergartentagen und demnächst sind sie mit dem Abitur durch. Aber zumindest habe ich sie so weit, dass sie bei orangefarbenen Gerichten nicht mehr gleich schreiend davonlaufen und sich lieber Butterbrote schmieren. Man muss - und zu dieser Erkenntnis bedarf es keiner Pädagogen - manchmal nur geduldig und hartnäckig bleiben und das vermeintlich ungeliebte Gemüse immer wieder mit Dingen kombinieren, die sie mögen. Sie überwinden dann eher ihre Vorurteile und gewöhnen sich an den Geschmack. Mehr noch: Sie geben sogar zu, dass es ihnen schmeckt!

Zutaten: (3 – 4 Personen)
350 g Nudeln
225 g Halloumi
250 – 300 g Kürbis, gehobelt
1 – 2 Tomaten, gewürfelt
1 Zwiebel, klein geschnitten
1 Knoblauch, klein geschnitten
1 kleiner Zweig Rosmarin
1 Stück Chili (auch getrocknet), gehackt
1 Zitrone, Abrieb (alternativ: Salzzitronen, s. S. 159)

Die **Nudeln** nach Anleitung in Salzwasser al dente kochen. Währenddessen in einem Topf Butter schmelzen und **Zwiebelwürfel, Kürbis** und **Tomate** kurz darin andünsten. Dann eine Schöpfkelle vom Nudelwasser hinzufügen und die Sauce (wer sie gerne fein mag) zu diesem Zeitpunkt etwas pürieren. Dann den **Rosmarinzweig**, Chili und **Knoblauch** unterrühren und weiter für etwa 10 Minuten leicht köcheln lassen. Mit Salz abschmecken.
In der Zwischenzeit den **Halloumi** in Würfel schneiden und in der Pfanne von möglichst vielen Seiten bräunen lassen. Nudeln in der Sauce erhitzen, Rosmarinzweig entfernen und **Zitronenschalen** darüber streuen. Halloumi untermischen und servieren.

KÜRBIS-SCHUPFNUDELN MIT GESCHMELZTEN ZWIEBELN

Dieses Rezept ist aus der Notwendigkeit entstanden, einen Rest gerösteten Kürbis zu verarbeiten. Und da Gnocchi und Schupfnudeln bei uns zu den liebsten Gerichten gehören, habe ich ihn einfach in den Kartoffelteig hineingearbeitet. Das schmeckt sehr, sehr lecker und gibt den Schupfnudeln eine schöne Farbe. Die Zwiebeln kommen dann in der Pfanne dazu und verleihen ein gutes Röstaroma. Dazu passt hervorragend ein gemischter Salat.
Wer keinen gegarten Kürbis-Rest hat, röstet den geschälten und in Scheiben geschnittenen Kürbis auf Backtrennpapier. Die Scheiben werden mit etwas Öl vermischt und mit Fleur de Sel gewürzt. Sie garen bei 180° C Umluft in 25 bis 30 Minuten.

Zutaten: (4 Personen)
600 g Kartoffeln, gekocht vom Vortag
200 g Kürbis, geröstet, Schale entfernt
200 g Instant-Mehl
2 Eier
Meersalz
Muskat, frisch gerieben
Bratfett
2 Zwiebeln, in Streifen geschnitten
Butter zum Anbräunen
Fleur de Sel
Pfeffer

Die **Kartoffeln** pellen und durch eine Kartoffelpresse drücken. Ebenso den **Kürbis**. Mit den **Eiern** und dem **Mehl** vermischen, mit Salz und Muskatnuss würzen und zu einem Teig verarbeiten, der nicht mehr an den Händen klebt. Notfalls etwas Mehl zufügen. Instant-Mehl nimmt die Feuchtigkeit gut auf und ist deshalb für solche Gerichte optimal geeignet.
Aus dem Teig mehrere Portionen abteilen und diese erst zu dickeren (3-Zentimeter) Rollen formen, die man dann in regelmäßigen Abständen durchschneidet und in der Handfläche zu fingerdicken Rollen verarbeitet. Die Enden laufen spitz zu. Die Schupfnudeln nicht zu groß machen. Man bekommt mit der Zeit ein Gefühl dafür, und dann geht das relativ schnell.
Einen großen Topf mit Salzwasser zum Kochen bringen. Die **Schupfnudeln** portionsweise hineingeben und ca. 8 Minuten sieden (nicht kochen) lassen. Wenn sie an die Oberfläche steigen, mit einer Schaumkelle herausnehmen, abtropfen und auf einem Backblech oder Küchenbrett auskühlen lassen. So weiter verfahren, bis alle Nudeln gegart sind.
In einer Pfanne Schupfnudeln und **Zwiebeln** in ausreichend Butter rundherum braun anbraten. Eventuell mit Fleur de Sel und Pfeffer würzen.
Tipp: Statt Salat passt auch **Sauerkraut**.

GNOCCHETTI CON CREMA DI PECORINO E BASILICO

Selbst die italienische Küche überrascht immer wieder mit kleinen Schätzen. In diesem Fall auf Sardinien. Eines jener Gerichte, die man voller Hingabe genießt, bei denen jeder Bissen heilig ist, und auch der letzte Rest Sauce mit einem Stück Brot vom Teller gewischt wird.

Zuerst die **Gnocchetti** herstellen: Dazu die **Kartoffeln** je nach Größe in etwa 20 Minuten weich kochen, die Schale abpellen und die Kartoffeln sofort durch eine Kartoffelpresse drücken und gut ausdampfen lassen.
Auf der Arbeitsplatte mit **Mehl, Eiern** und Salz zu einem Teig verarbeiten, der nicht mehr kleben sollte. In acht gleich große Stücke teilen und diese jeweils zu fingerdicken Rollen formen. In regelmäßigen Abständen kleine Stücke abschneiden und diese zwischen den Handflächen zu kleinen Klößen formen. Auf einer bemehlten Fläche ruhen lassen, während man in einem großen Topf Wasser mit Salz zum Kochen bringt. Gnocchetti portionsweise in das Wasser plumpsen und etwa 4 Minuten im Kochwasser ziehen lassen, bis sie an die Oberfläche steigen.
Die **Sauce** ist auch nicht schwer herzustellen, wie oft, zählt die Qualität der Zutaten. Zunächst in etwas **Butter** die **Zwiebeln** vorsichtig andünsten, dann die Hälfte des Knoblauchs hinzufügen, mit 1 TL Mehl anschwitzen und alles mit einem Schluck trockenem **Weißwein** ablöschen. Die **Sahne** mit einem Schneebesen unterrühren und einmal kurz aufkochen lassen.

Nun den zerbröckelten **Frischkäse**, die **Thymianblättchen** und **Minze** dazugeben und langsam aufköcheln. Mit einem Pürierstab fein pürieren. Die **Crème fraîche** mit einem Löffel unterheben und eventuell mit Salz abschmecken.

In einem anderen Gefäß das **Basilikum** mit Salz, restlichem **Knoblauch** und 3 EL Öl zu einer feinen Masse pürieren.

Wenn die **Gnocchetti** angerichtet werden, diese vorher mit der **Pecorinosauce** in einem Topf vorsichtig vermengen, auf Teller verteilen und die **Basilikumpaste** zuletzt darüber träufeln.

Zutaten: (6 – 8 Personen)

Für die Gnocchetti:
1 kg Kartoffeln
200 g Mehl, plus Mehl zum Bearbeiten
2 Eier
Meersalz

Für die Pecorino-Basilikum-Sauce:
260 g frischer Weichkäse aus Schafsmilch
1 Zwiebel klein gehackt
3 Knoblauchzehen, klein gehackt
1 TL Mehl
1 Schluck Weißwein
200 ml Sahne od. Milch
150 g Crème fraîche
1 Zweig Thymian
2 Blätter Minze
1 Bund Basilikum
Salz
Butter
Olivenöl

UDON-NUDELSUPPE MIT KNUSPRIGEM TOFU, SPITZKOHL UND CHILIÖL

Zutaten: (2 Personen)
½ l Gemüsebrühe
90 g Udon-Nudeln
200 g Tofu, in Würfel
100 g Sojasprossen
1 großes Blatt Spitzkohl, in feine Streifen
1 Stück Rote Zwiebel, ganz feine Streifen
1 Frühlingszwiebel, ganz feine Streifen und / oder Ringe
Schnittlauch
Sesamöl
evtl. Sojasauce

Für das Chiliöl:
Chiliflocken, sehr scharf
50 ml Sesamöl
½ TL Harissa
½ TL Tomatenmark
1 TL Honig

Die Suppe sieht harmlos aus, hat es aber in sich. Verantwortlich dafür ist das selbst gemachte Chiliöl, mit dem wir unsere dampfenden Suppenteller, jeder wie er wollte, geschärft haben, bis wir die Taschentücher zücken mussten. Auch die Kinder. Frischer Koriander hätte zwar gut gepasst, hatten wir aber nicht zur Hand, dafür frischen Schnittlauch aus dem Beet.

Alle Zutaten vorbereiten. Die **Gemüsebrühe** zum Kochen bringen. Abschmecken. Die **Tofuwürfel** in einer Pfanne in heißem Öl von mehreren Seiten knusprig anbraten. Dann in eine Schüssel umfüllen. Die **Udon-Nudeln** nach Packungsanleitung in Wasser garen.
Die Suppenteller vorbereiten und die **Gemüsestreifen, Sojasprossen,** Nudelportion darin gruppieren. Mit der kochend heißen Brühe übergießen und die **Tofuwürfel** und **Schnittlauchröllchen** darüber verteilen. Mit **Chiliöl** nach Belieben beträufeln und der Suppe einheizen. Eventuell mit Sojasauce nachwürzen.

CHILIÖL:

Sesamöl in einer Pfanne oder einem kleineren Topf erwärmen (aber nicht heiß werden lassen), **Chiliflocken** und die anderen Zutaten hinzufügen, verrühren und darin ein paar Minuten ziehen lassen. In ein Schraubdeckelglas füllen zur Aufbewahrung.

MANGOLD-NOCKEN

Schon seit Jahren ist dies eines unserer allerliebsten Mangold-Gerichte, und es ist leicht herzustellen. Die Klöße werden mit einem möglichst herzhaften Käse gewürzt und garen schließlich im Backofen in einer Sahne-Milch-Mischung, die teilweise noch in die Nocken eindringt und sie schön saftig macht. Ein Genuss. Dazu passt wunderbar ein bunt gemischter Salat oder knackige Rohkost.

Zutaten: (4 Personen)
300 g Mangoldblätter ohne Stängel
3 Eier
150 g Käse, gerieben
250 g Mehl Typ 550
200 ml Sahne
200 ml Milch
Salz
Pfeffer
Muskat

Die **Mangoldblätter** mit einem schweren Messer fein hacken. In einer Schüssel mit dem **Mehl, Eiern, Käse** (davon 2 Esslöffel zurückbehalten zum Überbacken), den **Eiern** und kräftig gewürzt mit Salz, Pfeffer und Muskat, zuerst mit einer Gabel, dann mit den Händen zügig zu einem Teig vermischen. Der wird etwas klebrig sein, macht aber nichts.
Backofen auf Umluft 220° C vorheizen.
Einen großen Topf mit Salzwasser zum Sieden bringen. Mit feuchten Händen kleine Klöße in der Größe eines Tischtennisballs formen. Das ergibt etwa 20 – 22 Stück. In das siedende Wasser geben und etwa 10 Minuten ziehen lassen. Sie kommen dann an die Oberfläche. Mit einer Schaumkelle herausnehmen und kurz ausdampfen lassen.In einer Auflaufform **Sahne** und **Milch** vermischen, die Klöße hineinsetzen, einmal darin wenden. Mit dem restlichen **Käse** bestreuen. 20 Minuten backen.

SPINAT-GNOCCHI MIT SALBEIBUTTER

„Wer das nicht gegessen hat, hat nicht gelebt“, kommentiert mein damals 11-jähriger Sohn die Gnocchi, die vor ihm stehen. So einfach ist das. Gnocchi sind leicht zu machen und lohnen die Sauerei in der Küche. Nachteil: Die Ansprüche an die Gnocchi anderer steigen gewaltig. Selbst die im Restaurant schmecken äußerst selten so gut wie diese.

Zutaten: (4 Personen)
500 g Kartoffeln
150 g Mehl (Instant)
200 g Spinat
2 Eier
Meersalz (Fleur de Sel)
Muskat
80 g Butter
10 - 15 Salbeiblätter
Parmesan

Die **Kartoffeln** in der Schale weich kochen. Danach sofort pellen und durch eine Kartoffelpresse quetschen. Gut ausdampfen und auskühlen lassen, damit möglichst viel von dem Wasser verdampft. Währenddessen den gewaschenen **Spinat** blanchieren, abschrecken, sehr gut ausdrücken und fein hacken.
In die Mitte der **Kartoffelmasse** eine Mulde drücken, **Mehl, Eier, Spinat** dazu geben, kräftig mit Salz und Muskat würzen und zuerst mit einer Gabel, dann mit den Händen zu einem Teig kneten. Der Teig sollte nicht mehr kleben, darf aber noch weich sein. Das ändert sich mit dem Kochen.
Aus dem Teig fingerdicke **Rollen** formen, von denen man dann gleichmäßig Stücke abschneidet. Zu Kugeln formen und mit einer Gabel leicht platt drücken.
In einem großen Topf Wasser mit Salz zum Kochen bringen, dann die Hitze so reduzieren, dass es nur noch siedet. Die **Gnocchi** in mehreren Portionen darin garen, bis sie an die Oberfläche kommen, das dauert ungefähr 6 Minuten.
Nebenbei eine möglichst beschichtete Pfanne mit der Hälfte der **Butter** und den zerrupften **Salbeiblättchen** mäßig erhitzen. Nicht zu stark, damit die Butter nicht verbrennt. Dann mit einem Schaumlöffel die Gnocchi aus dem Wasser heben und in die Pfanne geben. Ungefähr 3 – 4 Minuten darin leicht anbräunen. Das so oft wiederholen, bis alle Gnocchi fertig sind. Dabei immer ein wenig mehr Butter zugeben.
Die Gnocchi auf einer Servierplatte im Ofen (100° C) warmhalten, bis alle Portionen fertig sind. Eventuell nochmal mit Fleur de Sel nachwürzen. Mit **Parmesan** servieren.

REISNUDELN MIT PALMKOHL

Bevor mein Essen ganz fertig war, hatte sich meine Tochter schon kräftig beim Palmkohl bedient, so lecker schmeckt er, und hätte ich ihr nicht den Löffel entrissen, wäre fast nichts mehr übrig geblieben.
Toskanischer Palm- oder Schwarzkohl ist mit unserem Grünkohl verwandt, aber nicht winterhart und feiner im Geschmack. Leider gibt es ihn nicht so häufig.
Wem die asiatische Variante mit Reisnudeln nicht so lieb ist, dem kann ich nur die italienische mit Linguine empfehlen: Der Palmkohl wird mit Knoblauch in Butter gedünstet und mit Pinienkernen und Parmesan über die Nudeln gegeben

Zutaten: (4 Personen)
300 g Palmkohl
2 – 4 kleine frische Knoblauchzehen, klein gehackt
160 g Braune Reisnudeln
1 EL (Tamari) Sojasauce
4 EL Butter
Salz
Chiliflocken
Gomasio, Rezept s. S. 23

Den **Palmkohl** von seinen harten Stängeln befreien. Dann die Blätter in Salzwasser 2 Minuten blanchieren. Auf einem Sieb abtropfen lassen. Danach in ganz feine Streifen schneiden.
In einem Topf die Butter schmelzen, **Knoblauch** kurz darin anschmoren und die Palmkohlstreifen dazutun, etwas salzen und mit **Chiliflocken** würzen und gut umrühren. Einfach bei kleiner Hitze weiter schmoren lassen. Dann mit Sojasauce abschmecken.
Die Nudeln nach Gebrauchsanweisung kochen, abgießen und etwas Butter unterrühren.
Den Palmkohl portionsweise auf die Nudeln verteilen und mit **Gomasio** bestreut servieren.

Tipp: Braune Reisnudeln gibt es in guten Bioläden, alternativ nimmt man japanische Udon-Nudeln oder ganz einfach Linguine

GNOCCHETTI MIT NUSSSAUCE

Dieser Klassiker aus der Küche des nördlich gelegenen Piemont, wo man traditionell mit Butter und Sahne kocht, wird auch im benachbarten Ligurien gerne aufgetischt: eine feine Nusssauce mit Parmesan, Knoblauch und Sahne, die es zu Kartoffel-Gnocchetti oder Ravioli gibt. Gnocchetti sind kleiner als Gnocchi und ganz besonders fein. Dazu passt in Olivenöl angebratener Radicchio.

Mit der Vorbereitung für die **Gnocchetti** starten. Dafür **Kartoffeln** im Wasser garen, abschütten und pellen. Kartoffeln noch heiß durch eine Presse drücken und entweder auf der Arbeitsfläche oder in einer Schüssel gut ausdampfen lassen. Das heißt: Sie sollen völlig kalt werden und möglichst viel Flüssigkeit verlieren.
Mit **Eiern** und **Instant-Mehl** (das nimmt die Feuchtigkeit gut auf), Salz und Muskat vermischen, abschmecken und mit den Händen kurz durchkneten. Der Teig kann noch leicht klebrig sind, aber nicht zu sehr. Portionsweise vom Teig etwas abnehmen und auf der Arbeitsfläche zu einer fingerdicken Rolle formen. Meist geht das auch ohne zusätzliches Mehl. Mithilfe eines Messers 2-cm-Stücke abschneiden und beiseitelegen.
Man kann jetzt schon einen großen Topf mit gesalzenem Wasser zum Kochen bringen und parallel arbeiten. Also die Gnocchetti garen, während man die nächsten Portionen vorbereitet. Die Kartoffelklößchen brauchen 3 Minuten im siedenden Wasser, in dieser Zeit steigen sie nach oben und sind dann fertig. Mit einem Schaumlöffel herausfischen, abtropfen lassen und auf ein sauberes, leeres Backblech kippen.
Die **Nüsse** im Blender zu Mehl verarbeiten. In einer Pfanne ohne Fett hell anrösten, dann mit Butter, Muskat und in Salz zerquetschtem **Knoblauch** vermischen, **Sahne** dazugeben, bei kleiner Hitze kurz köcheln. Die Sauce sollte nicht zu dick werden. Man kann später auch noch vom Kochwasser der Gnocchi ein paar Löffel unterrühren. Die Hälfte vom **Parmesan** unterheben und zugedeckt stehen lassen.
Vor dem Servieren die Gnocchetti in einer Pfanne in etwas Butter erwärmen, auf die Teller verteilen und mit der warmen Nusssauce begießen. Mit etwas getrocknetem **Thymian** bestreuen und restlichen Parmesan dazu reichen.

Zutaten: (6 Personen)

Für die Gnocchetti:
1 kg Kartoffeln
2 Eier
200 g Instant-Mehl
Meersalz
Muskat

Für die Nusssauce:
100 g Nüsse (z.B. halb und halb Walnüsse und Mandeln)
1 Knoblauchzehe, zerquetscht
100 g Parmesan, gerieben
200 ml Sahne
1 TL Meersalz
Muskat
40 g Butter
Thymian, getrocknet

WOK-NUDELN SÜSS-SCHARF GEBRATEN

Zutaten: (2 Personen)
100 g Mie-Goreng Nudeln (dünne Weizenbandnudeln)
200 g Räuchertofu, gewürfelt
2 Blätter Chinakohl, in Streifen
½ rote Spitzpaprika, in Stücke
1 kleine Rote Bete, in Stifte
1 Möhre, schräg in Scheiben
1 Knoblauchzehe, gehackt
1 Stück Ingwer, gehackt
1 Stück Chilischote, gehackt
1 Rote Zwiebel, in Streifen
40 ml Sojasauce
1 EL Tamarindenpaste
2 TL Rohrohrzucker
Thaibasilikum
1 EL **Gomasio, Rezept s. S. 23** (alternativ: Sesam, geröstet)
Bratfett

Hat dieses Essen nicht eine tolle Farbe? Dank der kleinen Roten Bete sieht das Gericht plötzlich richtig feurig aus, dabei hat es zwar Schärfe, aber auch ein deutlich süßliches Aroma durch die Gemüsesorten und die Soja-Tamarinden-Sauce. Echt lecker! Und ist in 10 Minuten fertig. Thaibasilikum kann durch Koriander ersetzt werden.

Für die **Nudeln** einen Topf mit Wasser zum Kochen bringen, dann ausschalten. Die Nudeln hineingeben und 5 Minuten ziehen lassen. Über einem Sieb abgießen.
Im Wok 2 EL Fett erhitzen un den **Tofu** darin möglichst von vielen Seiten knusprig anbraten.
Dann **Knoblauch, Ingwer, Chili** und **Zwiebeln** dazu geben und kurz mit erhitzen, bis sie leicht Farbe bekommen.
Nun das restliche **Gemüse** in den Wok geben und alles unter Rühren erhitzen. Sojasauce, 2 EL Wasser, Zucker und Tamarindenpaste verrühren und über das Gemüse geben. Für 2 Minuten weiter garen, sodass das Gemüse noch Biss hat, aber nicht mehr roh ist.
Die Nudeln unterheben und erhitzen.
Mit **Sesam** und **Basilikum** bestreuen und servieren.

WEISSKOHL-STRUDEL MIT PETERSILIEN-VELOUTÉ

Weißkohl als Hauptakteur bei einem Gericht? Ein schwieriges Unterfangen. Empfehlen kann ich allerdings diesen Strudel, an dem ich lange getüftelt habe, damit er Geschmack und Farbe bekommt. Ich mache ihn seit Jahren gerne, am liebsten mit einer samtigen *Velouté*. Er wird schön saftig und schmeckt selbst lauwarm noch.

Zunächst den **Strudelteig** herstellen. Dafür Mehl, Salz, Ei und Olivenöl mischen. Wasser nach und nach zugeben, vorsichtig sein, eventuell benötigt man weniger. Zu einem geschmeidigen Teig kneten und zugedeckt ruhen lassen.
Den **Weißkohl** vierteln und Strunk entfernen. In ganz feine Streifen schneiden, besser hobeln. In eine Schüssel geben und mit Salz vermischen, kurz mit den Händen durchkneten, damit er geschmeidiger wird.
Nun **Creme fraîche, Eier, Curry** und die anderen Zutaten untermischen, abschmecken und evtl. mehr Gewürze hinzufügen.
Den Backofen auf 200° C Umluft vorheizen.

Den Teig auf der Arbeitsplatte dünn zu einem Rechteck ausrollen (ca. 50 × 50 cm). ¾ davon mit Füllung bestreichen, dabei an drei Seiten einen etwa 7 cm breiten Rand lassen.
Jetzt vom unteren Ende mit dem schmalen Rand her aufrollen, möglichst fest, schließlich die seitlichen Enden nach unten einschlagen, Naht nach unten. Auf ein mit Backtrennpapier belegtes Blech legen, mit Butter bepinseln und im Ofen 35 Minuten backen. Zwischendurch erneut mit **Butter** bepinseln.
Sobald die Backzeit vorbei ist, restliche Butter auf den Strudel streichen, noch 10 Minuten ruhen lassen.

Zutaten: (6 Personen)

Für den Teig:
250 g Dinkelmehl Typ 630
½ TL Meersalz
2 EL Olivenöl
1 Ei
etwa 100 ml Wasser

Für die Füllung:
600 g Weißkohl (½ Kopf)
150 g Crème fraîche
150 g Käse, gerieben
2 Eier
1 TL Kreuzkümmel
1 TL Currypulver (scharf)
2 TL Majoran, getrocknet
Meersalz
Pfeffer
2 EL Butter (zum Bestreichen während der Backzeit)

Für die Petersilien-Velouté:
In einem kleinen Topf 40 g **Butter** schmelzen, 40 g **Mehl** hineinrühren und mit 450 ml **Gemüsebrühe** und 50 ml Weißwein ablöschen. Permanent rühren, bis die Sauce cremig und samtig wird.
Mit Salz, Pfeffer und Muskat abschmecken. Am Ende 1 Bund **Petersilie** in der *Velouté* pürieren.

GYOZA MIT PIKANTER

Man könnte auch sagen, hier handelt es sich um eine überaus gelungene, japanisch-schwäbische Fusion auf kulinarischer Basis. Denn Sauerkraut ist einfach ein Multitalent und als fermentiertes Gemüse der asiatischen Küche gar nicht fremd. Die Schwaben essen das Kraut zu Spätzle, machen daraus Krautkrapfen, warum sollte es also nicht auch als Füllung für *Gyoza* taugen? Ich habe es einfach ausprobiert, in einem Anfall unbändiger Lust auf *Gyoza* – und mit Frischsauerkraut im Kühlschrank. Dazu pro Person eine halbe Avocado, ebenfalls mit Sesam und Sojasauce

SAUERKRAUT-FÜLLUNG

Mit der Vorbereitung des **Teigs** beginnen. Hierfür vermischt man das Mehl in einer Schüssel mit Salz und gießt dann nach und nach das kochende Wasser hinzu und rührt dabei mit einem Löffel um. Mit den Händen zu einer Kugel kneten und beiseite stellen.

Für die Sauce alle Zutaten miteinander verrühren, mit Sesam bestreuen und beiseite stellen.

Für die Füllung: Zwiebel und **Apfel** in etwas Fett erhitzen und das **Sauerkraut** sowie etwas Wasser hinzufügen. Den Topf mit einem Deckel schließen und das Gemüse für 15 Minuten dünsten. Den Deckel entfernen, Zucker (oder eine andere Süße) unterrühren und einkochen lassen, bis das Sauerkraut am Boden ansetzt und leicht braun und trocken wird. Bitte nicht anbrennen lassen! Vom Herd nehmen. **Sauerkraut** mit **Tofu** und **Gochujang** mischen. Beiseite stellen.

Teigkreise herstellen:
Den Teig vierteln, dann jedes Viertel zu einer mittleren Rolle formen. Jeden Strang in zehn gleiche Abschnitte teilen und diese zu Kugeln formen. Auf etwas Stärkemehl platt drücken und mit einem Nudelholz zu einem dünnen Kreis (Ø 10 cm) ausrollen. Der Trick hierbei ist, zuerst mit dem Holz eine Hälfte auszurollen, dann den Teig gegen den Uhrzeigersinn um eine Viertel-Drehung zu drehen, wieder auszurollen usw. So werden die Teigstücke mehr oder weniger kreisrund.
Die Teigkreise können dann gestapelt werden.

Teigkreise füllen:
Um sie zu füllen, legt man einen **Teigkreis** in die Handfläche, bestreicht den oberen Rand mit etwas Wasser und setzt in die Mitte 1 TL Füllung. Teigränder zu einem Halbkreis schließen und andrücken und in Falten legen. *Gyoza* auf einem Brett parken, bis die Hälfte fertig ist. Sie werden dann im Topf gegart, während man mit den restlichen Teigtaschen fortfährt.

***Gyoza* garen:**
In einem schweren Topf (ich nehme immer meinen gusseisernen Schmortopf) werden zuerst zwei Esslöffel des Fetts erhitzt. Da hinein setzt man die Teigtaschen nebeneinander und schließt den Topf mit einem Deckel. Die Hitze auf mittlere Einstellung reduzieren und 8 Minuten anbraten lassen. Danach 100 ml Wasser hineinkippen und sofort den Topfdeckel wieder auflegen. Weitere 10 Minuten dämpfen. Das Wasser müsste dann weitestgehend verschwunden sein. Mit einem Pfannenwender die *Gyoza* vorsichtig, aber beherzt vom Topfboden lösen, indem man unter die Kruste fährt, möglichst ohne den Teig zu beschädigen.

Zutaten:

Für den Teig: (ca. 40 Dumplings bzw. für 4 Personen)
300 g Weizenmehl Typ 550
180 ml kochendes Wasser
½ TL Meersalz
Stärke zum Ausrollen

Für die Füllung:
500 g Frischsauerkraut
1 Zwiebel, klein geschnitten
1 Apfel, geraspelt
½ TL Meersalz
2 EL Rohrohrzucker (oder Apfeldicksaft o.ä.)
1 EL **Gochujang, Rezept s. S. 109**
250 g Tofu, abgetupft, in kleine Würfel
2 – 3 EL Kokosfett

Für die Sauce:
(evtl. etwas mehr zubereiten)
4 EL Sojasauce (Tamari)
2 EL Agavendicksaft
1 TL Reisessig
1 TL Tomatenmark
2 TL gerösteter Sesam (Gomasio)

Dazu:
Avocado in Scheiben
Gomasio, Rezept s. S. 23
Linsensprossen
Schnittlauch

RAMEN MIT ROTER BETE UND GESCHMORTEM TOFU

Das sieht ein bisschen nach Gemetzel aus, aber es handelt sich hier um ein sehr leckeres und ansprechendes Gemetzel mit tiefem Geschmack. Die Farbe rührt selbstverständlich von einer Roten Bete, keine Sorge. Jedenfalls ist es mit dem – wenn auch positiv gemeinten – Kommentar meines Mannes „Echt scharf" noch nicht getan. Denn diese Schärfe, die vorwiegend vom Ingwer kommt, ist zwar schon besonders gut, aber die Aromen sind vielfältig. Der marinierte Tofu ist irgendwie *umami* und ergibt zusammen mit dem Rote-Bete-Mus genau das Gegenteil dessen, was man von diesen beiden Komponenten erwartet (nämlich erdige Langeweile). Die Kinder lieben es!

Zutaten: (2 Personen)
90 g Ramen- (oder andere Asia-) Nudeln
1 Rote Bete, geschält, grob gewürfelt
1 Rote Zwiebel, grob gewürfelt
1 Knoblauchzehe
1 Stück Ingwer
2 EL Rapsöl
½ TL Koriander, gemahlen
200 g Tofu
Sesamöl
2 EL Sojasauce
1 EL Honig
1 Knoblauchzehe, gerieben
1 Stück Ingwer, gerieben
1½ TL **Gochujang, Rezept s. S. 109**
100 ml Wasser
Gomasio, Rezept s. S. 23

Zum Bestreuen:
Koriander
Sprossen
Frühlingszwiebeln o.ä.

Zuerst das **Rote-Bete-Mus** zubereiten. Dazu Zwiebel, Knoblauch und Ingwer in einem Gefäß pürieren. In einem kleineren Topf das Rapsöl erhitzen und die Mischung darin bei aufgelegtem Deckel schmoren lassen.

Derweil die Rote Bete in demselben Gefäß pürieren und zu der Zwiebelmischung geben. Mit Salz und Pfeffer würzen und etwa 10 Minuten weiter schmoren lassen. Ab und zu kontrollieren, damit nichts anbrennt. Notfalls ein bisschen Wasser hinzufügen. Warm halten.

Nudeln nach Packungsanleitung garen und über einem Sieb abtropfen lassen.

Den **Tofublock** zuerst einmal horizontal, dann diagonal halbieren, sodass 4 Dreiecke entstehen. Abtupfen. In einer Pfanne Sesamöl erhitzen und darin die Dreiecke von beiden Seiten bräunen.

Währenddessen **Sojasauce, Gochujang, Honig, Ingwer, Knoblauch** und Wasser in einem Gefäß gut verrühren (auch gerne pürieren), dann über den Tofu schütten und diesen für 5 Minuten darin köcheln lassen. Dabei ein-, zweimal wenden.

Nudeln zwischen die Tofudreiecke drapieren und mit der Roten Bete beklecksen. Falls die Pfanne zu trocken ist, wenig Wasser hinzufügen und für etwa 2 Minuten einen Deckel auflegen, sodass alles schön heiß wird.

In der Pfanne mit **Gomasio** und dem Grün bestreuen und servieren.

PASTA MIT CREME AUS GERÖSTETER PAPRIKA

Bei dieser äußerst leckeren Nudelvariation, die auf unserer Favoritenskala weit oben rangiert, vermischen sich der Geschmack von süßlicher, gerösteter Paprika mit scharfem Knoblauch, salzigen Kapern und knusprigen Pinienkernen oder Mandeln. Die Creme wird schön sämig durch einen Löffel Ricotta. Wenn möglich, zu frischem Thymian greifen, der schmeckt einfach viel intensiver. Ein gutes Rezept auch für Gäste.

Zutaten: (4 Personen)
350 g Nudeln
2 rote Paprika
1 gelbe Paprika
1 - 2 Knoblauchzehen, möglichst frisch
60 g Frischkäse (z. B. Ricotta, Robiola)
30 g Parmesan, gerieben
1 - 2 EL Kapern (nach Geschmack)
2 EL Pinienkerne, grob gehackt oder Mandeln
1 TL Thymian, getrocknet oder frisch
Olivenöl
Meersalz
Pfeffer

Die **Paprikaschoten** halbieren und mit der Schnittseite nach unten in einer ofenfesten Form für ca. 10 Minuten unter den Grill schieben. Die Haut sollte schwarz werden und Blasen schlagen. Dann sind sie fertig. Herausnehmen, leicht abkühlen lassen und die Haut abziehen.
Von den Paprika eventuell einige Streifen beiseitelegen, für obendrauf, den Rest mit dem **Knoblauch,** 2 EL Olivenöl, **Thymian, Frischkäse** und etwas Salz pürieren. **Parmesan** unterheben.

Die **Pinienkerne** (oder Mandeln) in einer Pfanne ohne Fett rösten.

Nudeln in reichlich Salzwasser al dente kochen, 2 EL vom Wasser zur Sauce geben, dann abgießen.

Die Pasta mit der Sauce vermischen. **Paprikastreifen, Kapern** und Kerne darüber drapieren und auf die Teller verteilen. Mit **Thymianblättchen** garnieren und etwas **Olivenöl** beträufeln. Nach Belieben pfeffern.

NUDELN SELBER MACHEN

Nudeln machen glücklich und selbst gemachte ganz besonders. Egal, ob Ravioli, Tagliatelle, Pappardelle, Lasagne oder Panzerotti: Es gibt einen Grundteig, der immer passt. Man braucht dazu noch nicht einmal spezielles Mehl, ein Hartweizenanteil macht die Herstellung aber einfacher, weil er die Feuchtigkeit besonders gut aufnimmt. Ich mische meistens Typ 550 mit Semola (Hartweizen). Was man allerdings benötigt, ist eine **Nudelmaschine**.

Aus den **Zutaten** einen glatten **Teig** kneten. Das geht am besten mit den Knethaken des **Handmixers**, danach von Hand weiter kneten. Mit etwas Übung kann man auf den Mixer auch verzichten. Der Teig sollte nicht klebrig sein, in diesem Fall noch etwas **Mehl** zugeben.
Den Teig 1 Stunde in **Folie** gewickelt ruhen lassen. Dann in vier Portionen teilen.

Jetzt schafft man sich erstmal Platz …
Die **Walzen der Nudelmaschine** zuerst ganz breit stellen und die Platten drei bis viermal durchnudeln, zusammenfalten, durchnudeln, zusammenfalten, bis sie schön rechteckig sind. Dann die Walze Stufe für Stufe enger stellen, bis die gewünschte „Dicke" erreicht ist. Danach zu gefüllten Nudeln oder zu Bandnudeln verarbeiten.

Faustregel: pro Person 100 g Mehl und 1 Ei, das ist reichlich bemessen
500 g Mehl (Typ 550, Instant, Hartweizenmehl, Spätzlemehl, Typ 00)
5 Bio-Eier
2 EL Olivenöl
1 TL Meersalz

PFANNKUCHEN, CRÊPES & EI

ROCKENDE WEICHEIER

Mein Mann kann nicht kochen, er will es auch nicht. Das ist gut so, denn sonst würden wir uns dauernd ins Gehege kommen, und ich hätte ihn mit hoher Wahrscheinlichkeit schon zu Hackfleisch verarbeitet. Denn wer in meiner Küche hantieren will, sollte wissen, was er tut.

Der ignorante Umgang mit qualmendem Olivenöl in teuren Pfannen, mit dem heißen Teekessel, abgestellt auf dem sensiblen Touchdisplay des Induktionsherds, mit kalten Nudelresten, erhitzt per Boost-Funktion, sodass der Käse in drei Sekunden im Boden einbrennt, ist mir absolut unverständlich. Und nicht zuletzt die nach simplem Stullenschmieren in ein Vandalen-Schlachtfeld verwandelte Küche ertrage ich nur mit Meditationsübungen.

Doch Belehrungen sind kontraproduktiv, Anleitungen sinnlos. Das ist, als wolle man seinem Kind selbst Mathe beibringen. Solche Tätigkeiten überlässt man nämlich am besten Dritten.

Nun will es der Zufall, dass der beste Freund meines Mannes die Kunst des Eierkochens in allerhöchster und hingebungsvoller Perfektion beherrscht. Finde ich super.

Ich gebe zu, beim Thema Eierkochen bin ich leidenschaftslos, Hauptsache nicht schlabbrig-wässrig. Früher waren elektrische Eierkocher der letzte Schrei, meine Mutter war im Besitz eines gelb-weißen, Ufo-artigen Gerätes, das jedoch irgendwann seinen verkalkten Geist aufgab, dazu eines braun-beigen Plastik-Eierpiksers, dessen Feder quietschte. Alles Retro. Heute spielen schwimmende Eieruhren im Wasserbad Rockmusik. „Smoke on the Water" ertönt für Weicheier, „I Was Made for Lovin´ You" für die Mittelweichen und „The Final Countdown" für die ganz Harten. Blöd nur, wenn man die Lieder durcheinanderbringt. Unmusikalische Menschen bevorzugen aus diesem Grund mitkochende Eieruhren, die ihre Farbe je nach Konsistenz ändern. Und die ganz Schlauen machen sich im Internet sachkundig, wo sie erfahren, dass das perfekte Frühstücksei 4 Minuten kochen muss, das wachsweiche 7 Minuten und das harte 11 Minuten. Kommen sie aus dem Kühlschrank, brauchen sie eine Minute länger. Sind sie klein, 30 Sekunden weniger. Eierkochen ist also doch eine Wissenschaft für sich. Während ich mich lieber am perfekt gekochten Rührei versuche, hat sich mein Gatte bei seinem Freund in der Zwischenzeit abgeguckt, wie das perfekte Frühstücksei hergestellt wird. Damit er ihm (!) auch mal eines kochen kann. Und das geht so: Bio-Ei aus dem Kühlschrank nehmen, anpiksen, vorsichtig ins kochende Wasser legen und genau 6 Minuten 13 Sekunden kochen lassen.

Abschrecken ist übrigens auch nicht so das Gelbe vom Ei, das kann man sich getrost sparen, man verbrüht sich erstens nur die Finger, und zweitens sind die Eier hinterher kalt. Frische Eier lassen sich schlecht abpellen, ältere leicht - das ist das ganze Geheimnis.

Jedenfalls kann mein Mann jetzt perfekte Frühstückseier mit festem Eiweiß und flüssigem Eigelb kredenzen - auch mir, wenn ich Verlangen danach habe. Darauf ist er, glaube ich, ein bisschen stolz. Und die Küche leidet auch nicht so sehr darunter.

ITALIENISCHE SELLERIEKÜCHLEIN

Dieses Rezept aus dem Norden Italiens verdanke ich unserer Freundin Renate, die nicht nur in der arabischen Küche zu Hause ist, sondern auch hervorragend Italienisch kochen kann. Sie hatte schon vor längerer Zeit bei einem Abendessen diese Sellerieküchlein als vegetarische Vorspeise für mich gebacken. Zubereitet werden sie im Original mit Kastanienmehl, sie schmecken aber auch mit Weizen- oder Dinkelmehl ganz prima.
Diese Küchlein gibt es bei uns seitdem immer wieder, die Kinder lieben sie, und eigentlich sind es immer zu wenige. Außen sind sie knusprig und innen weich und saftig. Der Geschmack der Selleriestangen, gegen den ja einige Vorurteile hegen, bleibt dezent im Hintergrund. Auf jeden Fall verlieren Selleriestangen damit ihren Schrecken, man könnte also sagen, das Rezept hat therapeutisches Potenzial.

Zutaten:
(16 - 18 Stück)
5 gehäufte EL Dinkelmehl Typ 630
¼ l Wasser
Meersalz
5 - 8 EL Olivenöl
Selleriestangen, klein geschnitten

Mehl mit Salz vermischen und mit Wasser und Olivenöl zu einem glatten, nicht zu flüssigen Teig verrühren. Die **Selleriestückchen** unterheben.

In einer Pfanne Bratöl erhitzen und mit einem Esslöffel den Teig portionsweise hineinsetzen. Von beiden Seiten goldbraun braten.

BRETONISCHE CRÊPES À LA BOCUSE MIT FEINSTEM WIRSING

Zutaten: (4 Personen)

Für die Galettes:
(1 Stunde Quellzeit)
200 g Buchweizenmehl
50 g Weizenmehl
1 Ei
30 g Butter
½ l Wasser
Salz

Für den Wirsing:
1 kleiner Wirsing
1 Zwiebel, fein gewürfelt
1 Knoblauch, gehackt
3 EL Olivenöl
1 EL Instant Mehl
Pfeffer
Meersalz
100 ml Sahne
1 Schuss Weißwein
50 g Parmesan, gerieben

„Galettes bretonnes" wäre eigentlich die richtige Bezeichnung, denn die in ganz Frankreich verbreiteten Crêpes kommen ursprünglich aus der Bretagne, wo man für die herzhaften Crêpes Buchweizenmehl benutzt und sie dann Galettes nennt. Für die süßen Pfannkuchen wird Weizenmehl genommen, dann sind es wiederum Crêpes.
Bei uns stehen die Buchweizenpfannkuchen (nach einem Rezept von Sternekoch Paul Bocuse) regelmäßig auf dem Speiseplan. In der kalten Jahreszeit passt dieser feine Wirsing, den ich mit Weißwein und Parmesan abschmecke, wunderbar dazu.

Zuerst den Teig für die **Galettes** herstellen: Dafür die Butter in einem Topf zum Schmelzen bringen. **Mehlsorten, Ei,** Salz und Wasser unterrühren und mit dem Quirl kräftig schlagen, bis er eine cremige Konsistenz hat. 1 Stunde quellen lassen. Wer gar keine Zeit hat, überspringt die Quellzeit, 15 Minuten wären aber für die Qualität des Teigs schon gut.
Wirsing von den äußeren Blättern und dem Strunk in der Mitte befreien. Die Viertel in ganz feine Streifen schneiden und 2 Minuten in etwas Salzwasser blanchieren. Durch ein Sieb schütten und den **Sud** auffangen! **Zwiebel** und **Knoblauch** in Olivenöl anschwitzen. Mit 1 EL Mehl bestäuben, mit 1 Schuss **Weißwein** ablöschen, den Sud und die **Sahne** unterrühren, mit Salz und Pfeffer abschmecken. Den Wirsing unterheben, Parmesan dazu.
Eine Crêpes-Pfanne mit zerlassener Butter einfetten, nacheinander die Galettes dünn ausbacken und von beiden Seiten kurz bräunen lassen. Mit dem Wirsing füllen.

CRÊPES MIT KARAMELL-TOMATEN UND GORGONZOLA

Zutaten:
(3 – 4 Personen,
10 – 12 Crêpes)

Für den Teig:
200 g Mehl Typ 550
50 g Buchweizenmehl
1 Ei
30 g Butter
1 TL Meersalz
500 ml Wasser
Fett zum Ausbacken

Für die Füllung:
400 g kleine Tomaten (Cocktail, bunt oder je nach Geschmack)
Olivenöl
Kräutersalz
3 TL Rohrohrzucker
150 g guten Gorgonzola, in Stücke
Basilikum, frisch

Im Sommer gibt es endlich wieder reife Tomaten. Sie sind einfach unschlagbar, vor allem frisch gepflückt. Und jeder, der noch keine Pflanze im Garten oder auf dem Balkon stehen hat, sollte sich nächstes Jahr zumindest eine zulegen, am besten eine mit kleineren Früchten. Für die Füllung dieser Crêpes habe ich die Tomaten mit Olivenöl umhüllt und mit Zucker bestreut. Unter dem Grill entsteht nun etwas, was beinahe an einen Nachtisch erinnert, fruchtig, süß und voller Geschmack, sodass man aufpassen muss, nicht sofort alle wegzuessen und für die Füllung genügend übrig zu lassen. Sie passen perfekt zu dem pikanten Gorgonzola und dem duftenden Basilikum.

Kleine **Tomaten** halbieren, die größeren vierteln und in eine Auflaufform legen. Mit Olivenöl beträufeln, mit den Händen gut vermischen und die Schnittseiten nach oben drehen. Mit Kräutersalz und Zucker bestreuen. In den Backofen bei 200° C unter den Grill stellen, bis sie nach 10 Minuten anfangen zu bräunen. Herausnehmen und beiseite stellen.
Währenddessen in einem Topf die **Butter** schmelzen lassen, bis sie zu bräunen beginnt. Vom Herd nehmen, das **Mehl**, Salz und **Ei** hinzufügen, mit dem Handrührgerät grob verrühren, dann nach und nach **Wasser** dazu gießen und zu einem feinen Teig verquirlen. Etwas quellen lassen.
Pfanne erhitzen, Fett dazu und die Crêpes nacheinander backen und zusammenfalten. Eventuell im Backofen warmhalten. Mit den karamellisierten Tomaten und Gorgonzolastücken belegen, darauf Basilikumblätter (und Blüten) legen. Das köstliche Öl aus der Auflaufform benutzt man, um am Schluss die Crêpes damit zu beträufeln.

CRÊPES MIT LINSENFÜLLUNG UND TRÜFFEL-BÉCHAMEL

Dieses italienische Rezept erschien mir zunächst recht ungewöhnlich: Mit Linsen gefüllte Pfannkuchen sind mir ehrlich gesagt noch nie begegnet und dann dazu noch die Trüffelcreme. Aber letztlich war die Neugier dann doch größer, und meine Trüffelcreme aus Italien wartete auch noch auf Verarbeitung. Das Ergebnis ist wirklich gut. Man kann es für Gäste zum Beispiel als Vorspeise für 6 - 8 Personen oder als Hauptgericht für 4 zubereiten. Das Trüffelaroma hält sich schön dezent im Hintergrund. Dazu passt ein gemischter Salat.

Zutaten: (4 – 8 Personen)

Für den Teig:
200 g Mehl Typ 550
1 EL Kichererbsenmehl
2 Eier
250 ml (Hafer-)Milch
2 EL Joghurt, 3,8 %
Meersalz
Butter für die Form und zum Ausbacken
125 g Mozzarella, in dünnen Scheiben

Für die Béchamel:
30 g Butter
30 g Mehl
200 ml Sahne
100 ml Gemüsebrühe
80 g Trüffelcreme
Meersalz

Für die Füllung:
250 g Berglinsen
1 Lorbeerblatt
5 Salbeiblätter
1 Schalotte, klein geschnitten
1 Knoblauchzehe, klein geschnitten
100 g Spinat, klein gehackt
Butter
Olivenöl
Meersalz
Pfeffer

Für die Deko:
Salbeiblätter
Petersilie

Zuerst den **Teig** vorbereiten. Hierfür die **Mehlsorten** und 1 TL Salz in einer Schüssel mischen. In die Mitte eine Kuhle drücken und darin **Milch, Joghurt** und **Eier** verrühren und nach und nach das Mehl mit einem Handmixer einarbeiten. Es sollen keine Klümpchen entstehen, sondern ein homogener Teig. 30 Minuten quellen lassen.
Währenddessen die **Linsen** garen. Diese in der doppelten Menge Wasser mit **Lorbeer** und **Salbei** nach Packungsangaben köcheln lassen. Dann in einem Sieb abgießen und die Blätter entfernen. In einem Topf die Butter erhitzen und die **Schalotte** mit der **Knoblauchzehe** andünsten. Dann die Linsen dazu geben, 2 EL Olivenöl unterrühren und mit Salz und Pfeffer abschmecken. Den **Spinat** unterheben. Die Herdplatte ausmachen.
Nun zur **Béchamel:** Dazu in einem Topf die Butter erhitzen, das **Mehl** darin anschwitzen und mit **Sahne** und **Gemüsebrühe** anrühren. Kurz köcheln lassen und Topf vom Herd nehmen. Mit Salz abschmecken und die **Trüffelcreme** unterrühren. Mit den Linsen vermischen.
In einer Pfanne etwa 14-16 dünne **Crêpes** (Ø 18-20 cm) in Butter ausbacken. Auf einem Teller stapeln.
Die Auflaufform mit Butter einfetten. Die Crêpes mit jeweils knapp 2 EL Linsen füllen und zweimal zusammenklappen, sodass ein Viertelkreis entsteht. In die Auflaufform schichten. Die restliche Füllung zwischen die Pfannkuchen verteilen. Die **Mozzarellascheiben** darauf legen und im vorgewärmten Ofen bei 180° C Umluft etwa 15 Minuten überbacken.
Das Gericht mit der klein gehackten **Petersilie** bestreuen und mit **Salbeiblättern** garnieren.

JAPANISCHE TOFU-GEMÜSE-OMELETTES

Diese bunten Omelettes sind wirklich sehr lecker, das Gemüse mild, passend dazu die rauchigen Tofuwürfelchen und die verschiedenen Kräuter, die außerdem auch hübsch aussehen.
Man isst sie als Snack mit Sojasauce oder zu Reis oder legt sie einfach auf eine Scheibe Brot. Ich habe uns diesmal allerdings dazu in Tempurateig gebackene Schwarzwurzeln gemacht (Rezept s. „Internet-Links", S.159). Das geht ebenso gut. Die Omelettes schmecken sowohl heiß als auch lauwarm und sind schnell fertig.

Zutaten: (4 Omelettes, 2 – 4 Personen)
- 4 – 5 Eier
- 1 EL Sesamkörner
- 1 Rote Zwiebel, in Streifen
- 1 Möhre, in feine Stifte geschnitten
- 1 Spitzpaprika, geviertelt, in feine Streifen
- 180 g Räuchertofu, in kleine Würfel
- 1 Knoblauchzehe, klein gehackt
- 2 Frühlingszwiebeln, in Ringe
- 1 EL Sojasauce
- 1 TL Honig
- Meersalz
- Sesamöl
- 4 EL Kräuter zum Bestreuen: Frühlingszwiebeln, Schnittlauch, Korianderblätter

Die **Eier** in einer Schüssel verquirlen. In einer Pfanne 2 EL Sesamöl erhitzen. Darin zuerst die Sesamkörner mit **Zwiebeln, Möhren** und **Paprika** für 1 Minute anschmoren, dann den **Räuchertofu, Knoblauch** und **Frühlingszwiebeln** für weitere 2 Minuten mit schmoren lassen. Mit Sojasauce und Honig sowie etwas Salz nach Geschmack abschmecken. Kurz beiseite stellen. Gemüse aus der Pfanne unter die Eier heben.

Nun für jedes Omelette etwas Öl erhitzen und eine Schöpfkelle der Eier-Gemüse-Mischung darin anbraten. Damit auch die Oberseite durchgaren kann, kurz unter den Grill stellen. Das geht recht flott. Man kann sie auch wenden, sieht aber nicht so hübsch aus. Dann auf einem Teller anrichten und mit Kräutern bestreuen.

Dazu: Sojasauce süß-pikant (gewürzt mit Sambal Oelek, Honig, Tomatenmark, Sesam).

GRÜNKOHL-BLINI

Diese Art Pfannkuchen sind einfach genial. Vor allem, weil man sie improvisieren kann und sie schnell zubereitet sind. Anstelle von Grünkohl kann auch Spinat oder ein anderes Gemüse gewählt werden, und ein Kräuterquark wird immer gerne dazu gegessen. Der Mozzarella im Teig bringt einen schönen Effekt, denn er zerfließt beim Backen im Inneren der Blini. Selbstverständlich sind auch die Mehlsorten variabel. Momentan kommt bei uns häufiger Buchweizen wegen seines nussigen Aromas und seiner guten Verarbeitungsqualität zum Einsatz. Meine Kinder lieben die Pfannküchlein auf jeden Fall. Am Ende des Tages waren es nie genug, weil sie auch kalt einfach so nebenher weggefuttert werden können, wenn sie in der Küche auf Abnehmer warten.

Zutaten: (4 Personen)
200 g Grünkohl, blanchiert und gehackt
2 EL Buchweizenmehl
2 EL Dinkelmehl
2 Eier
½ TL Backpulver
300 ml Milch
125 g Mozzarella, gewürfelt
Meersalz, Pfeffer, geriebener Muskat
1 Prise Chiliflocken
Bratöl

Dazu: 250 g Kräuterquark

Zuerst die gehäuften Esslöffel **Mehl** in eine Schüssel geben, etwas Salz und das Backpulver untermischen. Die **Eier** und nach und nach die Milch unterrühren, bis ein glatter Teig entsteht. Den **Grünkohl** und die **Mozzarellawürfel** dazu, mit Pfeffer und Muskat würzen sowie mit den Chiliflocken.
Den Teig eine halbe Stunde quellen lassen.
In einer Pfanne das Bratöl erhitzen und jeweils 1 EL des Teigs pro Blini von beiden Seiten braun ausbacken.

SPITZKOHL-OKONOMIYAKI

Für die *Okonomiyaki*:
Zutaten: (2 Stück, 2-4 Personen
150 g Mehl Typ 550
½ TL Backpulver
1 TL Meersalz
4 Eier
300 g Spitzkohl, fein geschnitten
½ Möhre, geraspelt
2 EL Maiskörner (aus dem Glas)
4 Frühlingszwiebeln, in Ringe geschnitten
4 EL Bratöl

Für die Sauce:
3 EL Gochujang
2 EL Ketchup
2 EL Ahornsirup
Zum Servieren:
Mayonnaise (vegan), alternativ: Mischung aus Frischkäse, Öl, Sahne

Für Gochujang:
3 EL helle Shiro-Miso-Paste
1½ EL Ahornsirup
3 El (Koreanische) Chili-Flocken, evt. mehr (alternativ: 3 TL Sambal Oelek oder Harissa)
1 EL Tamarindenpaste
3-4 Knoblauchzehen
1 EL Wasser

Alle Zutaten mit einem Pürierstab zu einer homogenen Paste verarbeiten. Je nach Vorliebe etwas süßer, schärfer oder salziger komponieren. Aufbewahrung im Schraubdeckelglas im Kühlschrank.

Sie sehen zwar wild aus, schmecken aber hervorragend: *Okonomiyaki*, japanische Pfannkuchen, stecken voller Geschmack. Sie eignen sich perfekt, um Gemüsereste zu verwerten. Ein Muss in der Zutatenliste ist jedoch immer eine Kohlsorte. Wichtig bei der Vorbereitung ist, das Gemüse schön dünn zu schneiden.
Serviert werden die Pfannkuchen mit einer würzigen Sauce, deren wichtigste Komponente Gochujang ist. Diese koreanische Gewürzpaste sollte man eigentlich immer im Kühlschrank haben. Sie ist einfach genial und kann leicht selbst improvisiert werden.
Noch eine Anmerkung: Auch mit Wirsing klappt dieses Rezept. Dazu den Spitzkohl einfach durch die gleiche Menge blanchierten Wirsing ersetzen. Super lecker!

Mehl, Backpulver, Salz und Eier mit 150 ml Wasser in einer Schüssel verrühren, bis ein glatter **Teig** entsteht. **Wirsing, Möhre, Mais** und die Hälfte der **Zwiebeln** gut untermischen.
Für die **Sauce** die Zutaten miteinander verrühren. In einer Pfanne etwas Öl erhitzen. Die Hälfte des Teigs bei mittlerer Hitze etwa 3-4 Minuten anbraten, einmal wenden, sodass beide Seiten schön knusprig bräunen. Auf einem Teller im Ofen warm halten. Den zweiten Pfannkuchen ebenso zubereiten.
Die beiden Pfannkuchen mit der hellen Mayonnaise im Zickzackmuster bestreichen und wie ein Gitter (wenn es schön aussehen soll) die dunkle *Okonomiyaki-Sauce* ebenso darüber verteilen.
Zum Schluss mit den restlichen Frühlingszwiebeln garnieren.

SPARGEL MIT FEINEN KRÄUTER-FLÄDLE

Gegrillt, geschmort, paniert oder roh, mit Nudeln, Kartoffeln oder Erdbeeren, mit Sauce oder ohne, als Curry, Auflauf oder in einer Quiche – die Zubereitungs- und Kombinationsmöglichkeiten von weißem Spargel sind schier endlos. Vielleicht liegt es an der Farblosigkeit der schlanken Stangen, dass man in Rezepten oft dazu tendiert, sie irgendwie aufpeppen zu wollen. Dabei hat der feine Spargel das gar nicht nötig. Mein Lieblingsrezept ist noch immer das, mit dem ich aufgewachsen bin. Die Schwaben betten ihn gerne auf die zarten, dünnen Kräuterflädle und übergießen ihn ganz schlicht mit Nussbutter.

Für den **Flädleteig** alle Zutaten mit dem Handmixer zu einem glatten Teig verquirlen. Mindestens eine halbe Stunde quellen lassen. Die **Kräuter** fein wiegen und untermischen. Nach und nach die einzelnen Flädle in einer gebutterten Pfanne ausbacken und im Ofen warmhalten.

Für die Zubereitung des **Spargels** wenig Wasser in einem Topf zum Kochen bringen, mit Salz, Zucker, Muskat würzen die Butter dazu tun. Die Stangen waschen, schälen, die Enden abschneiden und alles zusammen in das Wasser geben. Das Gemüse sollte fast bedeckt sein. Die Hitze reduzieren und das Ganze für etwa 6 Minuten köcheln, sodass der Spargel zwar weich ist, aber noch ein wenig Biss hat.

Für die **Nussbutter** etwa 50 – 80 g Butter in einen kleinen Topf geben und bei mittlerer Temperatur goldbraun werden lassen. Aufpassen, dass sie nicht verbrennt. Im Prinzip wird bei diesem Prozess die Butter geklärt, indem sich durch die Hitze die Eiweißbestandteile absetzen. Das verleiht der Butter ihr Röstaroma.

Sobald der Spargel gar ist, nimmt man die Stangen raus und gießt den **Sud** durch ein Sieb in einen Topf. Das ist dann die Grundlage für das **Süppchen**, das (zum Beispiel am nächsten Tag als Vorspeise) ganz schnell zubereitet ist: Mehlschwitze anrühren, Sud, Sahne und eventuell Gewürze dazu und kurz aufgekocht, mit ein bisschen Zitronensaft abgeschmeckt, mit Schnittlauchröllchen und in Streifen geschnittenen Flädle serviert.

Übrigens schmeckt auch der zarte **Koriander** ganz vorzüglich dazu.

Zutaten: (für 4 Personen)

Spargel: pro Person die gewünschte Menge
Meersalz
1 TL Zucker
Muskat
Butter

Flädleteig:
4 Eier
4 EL Mehl, gehäuft
¼ l Milch
Salz
1 Prise Muskat
1 Handvoll Kräuter (Schnittlauch, Petersilie, Kerbel, Bärlauch)
Butter zum Ausbacken

QUICHES & TARTES

Zwiebel-Tarte mit Salbei
Torta Verde mit Basilikumcreme
Kürbis-Tarte Tatin
Klosterkuchen mit Lauch
Blumenkohltarte
Zucchinitarte mit Ricotta
Galettes mit mediterraner Füllung
Spinat-Käse-Röllchen in Filoteig

SM FÜR DIE ZUNGE

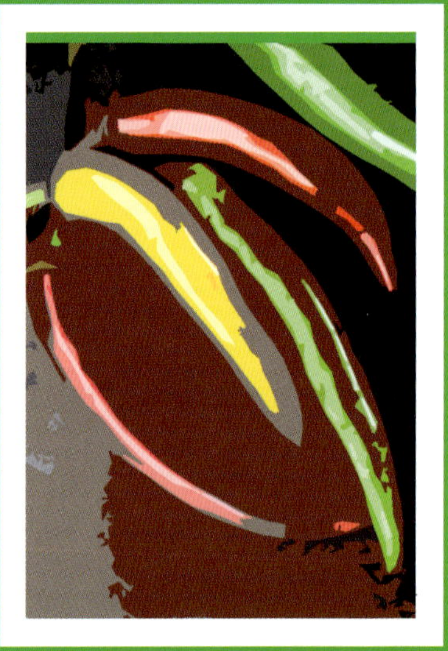

„Ich will nichts für meinen Stoffwechsel tun, ich habe Hunger!", blubberte mich mein Sohn an. Normalerweise macht er das natürlich nicht, aber er kam schon schlecht gelaunt aus der Schule, Blutzuckerspiegel auf unter null, und freute sich auf das duftende, dampfende Curry vor ihm. Ich gebe zu, es war scharf. Schärfer als sonst, aber auch wieder nicht so, dass man Kreislaufkollaps, Herzrasen und Schweißausbruch bekäme. Vielleicht ein bisschen Naselaufen, doch das muss schon mal drin sein. Es war schließlich nicht beabsichtigt. Ich koche für die sensiblen, zartbesaiteten Kinderzungen in der Regel sowieso deutlich unter meinem Schärfeempfinden. Leider sind sie in dieser Stimmung dann nicht mehr empfänglich für meine tröstenden Worte („Wer scharf isst, lebt länger", „Scharfes Essen macht schlank"), wenn die Nase dann tatsächlich tropft. Und mit den Argumenten, dass Chilis antioxidativ und entzündungshemmend wirken können, gesund für Herz und Kreislauf sind, Hautkrankheiten und Muskelschmerzen entgegenwirken oder gar aphrodisierend sein sollen, muss ich erst gar nicht aufwarten.
Ich weiß gar nicht mehr, wo ich die frischen Chilis gekauft hatte, denn die aus dem Bioladen sind verlässlich mittelscharf, oder ob mein Händler plötzlich andere im Sortiment oder ich mich im Supermarkt im Karton vergriffen hatte. Ich weiß nur, dass man die Dinger im Laden ja schlecht probieren kann. Auch Größe oder Farbe sagen nicht unbedingt etwas über den Schärfegrad aus. Noch nicht einmal auf die Aufschrift von Verpackungen ist Verlass, wie etwa bei den „Feuerspitzen", die als feurig-scharf beschrieben wurden, sich dann aber als echt lasch entpuppten. Jalapeño, Habanero, Peperoni, Birdeye… welche hatte nochmal den hohen Schärfegrad? Ich merke mir das nicht. Es bleibt ein Chilirestrisiko.
Meine Mutter hat mir mal eine harmlos aussehende Knubbelschote geschickt. Ich hatte sie noch nicht einmal richtig berührt, da waren meine Finger schon mit dem Scharfmacher kontaminiert und meine Nase brannte wie Hölle. Was tun? Wegwerfen ist blöd. Vielleicht Hot Honey herstellen? Leider hatte sie auch in Sekundenbruchteilen meinen Honig verseucht. Etliche Stunden später dann, - die Schote war vergessen - nahm ich mir die Kontaktlinsen heraus. Ich dachte, ich erblinde und sah aus, als hätte ich eine extreme Ausprägung von Bindehautentzündung oder dreimal hintereinander Spielbergs „Gefährten" geschaut.
Bleibt die Frage, warum manche Menschen bei diesem ganzen Leid dennoch geradezu süchtig sind nach scharfen Gerichten. Die Antwort ist einfach: Scharf macht glücklich, ja richtiggehend high. Scharf ist kein Geschmacksempfinden, sondern in Wahrheit ein Schmerzempfinden, ein Feueralarm im Körper. Die Rezeptoren bewirken, dass Endorphine ausgeschüttet werden und lösen ein Glücksgefühl aus. SM für die Zunge sozusagen.
Sauer macht lustig und scharf macht sauer, zumindest unsere schlecht gelaunten Pubertiere, die so gerne schon erwachsen wären. Scharf macht eben nur wirklich Erwachsene glücklich.

ZWIEBELTARTE MIT SALBEI

Zutaten: (6 Personen), Tarteform hier Ø 32 cm, mit Heboden

Für den Teig:
200 g Dinkelmehl Typ 630
100 g Butter, in Stücke
½ TL Meersalz
3 EL kaltes Wasser

Für den Belag:
600 g Gemüsezwiebeln
100 g Gruyère, gehobelt
4 EL Sahne
40 g Butter
Meersalz
Pfeffer
mehrere Blätter Salbei, frisch
1 EL Butter

Zwiebelkuchen sind in der Regel ja eher rustikal angelegt. Noch heute werden sie in Süddeutschland traditionell bei Dorffesten zum neuen Wein verspeist, meistens mit Speckwürfeln gebacken und entweder wie hier mit Mürbeteig oder einem Hefeteig.
Diese Zwiebeltarte hingegen ist durch ihren feinen, fast schon zarten Belag eher von der vornehmen Sorte. Wenn man sie in einer großen Form backt, wird der Boden so schön dünn, dass man sie vom Teller essen muss und nicht aus der Hand. Einfach der pure Genuss!

Mit der Vorbereitung des **Teigs** beginnen. Hierfür alle Zutaten in einer Schüssel miteinander vermischen, den Teig zwischen den Fingern verreiben, bis die Butter sich mit dem Mehl verbindet. Falls er zu trocken ist, esslöffelweise eiskaltes Wasser hinzufügen. In eine Folie wickeln und 1 Stunde im Kühlschrank ruhen lassen. Danach auf der eventuell bemehlten Arbeitsfläche (bei mir geht das auch ohne Mehl) den Teig zu einem großen Kreis ausrollen, sodass die **Tarteform** inklusive des Randes ausgekleidet werden kann. Meine Tarteform hat 32 cm Durchmesser, es geht aber auch eine kleinere Form oder Springform, dann wird der Boden eben etwas dicker. Die Form einfetten und den Teig darüber legen, hineingleiten lassen und andrücken.
Den **Käse** auf dem Tarteboden verteilen.
Für den Belag die **Gemüsezwiebeln** quer halbieren, dann in 2 mm dünne Scheiben schneiden und konzentrisch von außen nach innen auf dem Teigboden anordnen, sodass die Zwiebelscheiben etwas überlappen. Mit der **Sahne** beträufeln, die **Butterflocken** darauf verteilen, salzen und gut pfeffern.
Den Backofen auf 200° C Umluft aufheizen. Die Tarte darin für ca. 40 Minuten backen. Aufpassen, dass sie nicht zu dunkel wird.
In der Zwischenzeit die **Salbeiblättchen** in einer Pfanne in Butter kurz knusprig anbrutzeln. Auf der fertigen Tarte verteilen.

TORTA VERDE MIT BASILIKUMCREME

Die *Torta verde* bekommt man in Ligurien an jeder Ecke und wird gerne mittags als leichtes Essen verspeist. Es gibt sie in vielen unterschiedlichen Varianten, was Füllung (zum Beispiel mit Reis) und Teig anbelangt, aber diese hier ist die beste. Sie gibt es allerdings auch nicht an jeder Ecke, und man macht sie deshalb vorzugsweise selbst. Der superdünne Mürbeteig ist unschlagbar und die Füllung wirklich sehr fein und lecker. Ich habe je zur Hälfte Mangold und Spinat genommen, dazu Basilikum. In der ligurischen Region wird traditionell auch Borretsch verwendet, doch der wächst nur im Frühling, sodass jetzt alle möglichen anderen grünen Blattgemüse zum Einsatz kommen, die es frisch aus dem Garten oder auf dem Markt gibt. Nach dem Backen wird der Kuchen noch mit einer Sauce aus Basilikum, Knoblauch und Olivenöl beträufelt.
Ich stelle sie in Italien gerne auch als Fingerfood zum Aperitif hin.

Zutaten: (4 – 6 Personen, am besten eignet sich eine Tarteform mit Hebeboden Ø 32 cm)

Für den Teig:
200 g Mehl Typ 550
100 g Butter
1 Ei
2 EL Wasser, kalt
Meersalz

Für die Füllung:
350 g Spinat, blanchiert, grob gehackt
300 g Mangold, blanchiert, grob gehackt
250 g Ricotta
1 Zwiebel, fein gewürfelt
80 g Pecorino und/oder Parmesan, gerieben
1 Handvoll Basilikum
Meersalz
Pfeffer
Muskat
Butter

Für die Creme:
1 Bund Basilikum
1 Knoblauchzehe
Olivenöl
1 Prise Zucker (optional)
1 Prise Meersalz

Für den **Teig** alle Zutaten in einer Schüssel zügig verkneten, zu einer Kugel formen und im Kühlschrank etwa 30 Minuten ruhen lassen.
Für die **Füllung** die **Zwiebel** in einer Pfanne in Butter glasig andünsten, dann das blanchierte, gehackte **Grüngemüse** dazu geben und etwas anbraten, damit möglichst viel Flüssigkeit verdampft. Mit Salz, Pfeffer und Muskat würzen und etwas auskühlen lassen. Dann **Basilikum**, den **Ricotta** und geriebenen **Käse** unterheben, eventuell noch einmal abschmecken.
Den Teig auf bemehlter Fläche schön dünn ausrollen, in die gebutterte Form heben und eventuell Löcher flicken. Die Füllung darauf verteilen.
Den Backofen auf 180° C Umluft aufheizen. Den Kuchen ca. 45 Minuten backen. Kurz auskühlen lassen.
Währenddessen **Basilikumblätter, Knoblauch** und Olivenöl pürieren und mit Salz und vielleicht einer Prise Zucker abschmecken.
Die Creme kann dann auf der *Torta Verde* verteilt werden.

KÜRBIS-TARTE TATIN

Bei einem unserer Mädelsabende gab es leckeren Zwiebelkuchen und von meiner Freundin Tini diese absolut köstliche *Tarte Tatin* mit Butternusskürbis und Ziegenkäse. Sie ist wirklich etwas Besonderes, und ich wollte sie zu Hause nachbacken. Da die Kinder aber bei Ziegenkäse (noch) streiken, habe ich mit Gorgonzola eine gute Alternative gefunden, die genauso gut passt.
Der Kürbis schmeckt wunderbar, leicht süßlich und mit dem Aroma von Knoblauch und Rosmarin, der Käse steht im herzhaften Kontrast dazu. Der Mürbeteig ist als Unterlage einfach edel.

Zutaten: (4 Personen)
Für den Mürbeteig:
100 g Butter
200 g Dinkelmehl Typ 630
1 Ei
½ TL Meersalz

Für den Belag:
500 g Butternusskürbis
1 EL Olivenöl
1 EL Rosmarin fein gehackt
1 Zweig Rosmarin
2 - 3 Knoblauchzehen
1 TL Fleur de Sel
150 g Gorgonzola in Stücke geschnitten
45 g Rohrohrzucker

Tipp: Aus übrig gebliebener Kürbismischung kann ein leckeres Süppchen gekocht werden.

Aus der kalten, klein geschnittenen Butter, dem Mehl, Ei und Salz den **Mürbeteig** herstellen. In den Kühlschrank legen. Den Backofen auf 180° C Umluft vorheizen.
Wer keine große, beschichtete, ofenfeste Pfanne hat (Ø ca. 25 cm), greift zu einer Tarteform und belegt diese mit einem ausgeschnittenen Backtrennpapier.
Den **Zucker** in einer beschichteten Pfanne bei mittlerer Hitze zum Schmelzen bringen und ab und zu schwenken. Wenn er flüssig wird, Hitze reduzieren und in ein paar Minuten karamellisieren lassen. Aufpassen, dass er nicht anbrennt. Karamell in die Backform gießen und **Rosmarinzweig** mittig darauf legen.

Den **Butternusskürbis** mit einem Sparschäler schälen, Kerne entfernen und quer in Halbmonde von 0,5 – 1 cm schneiden. In einer Schüssel mit Öl, **Rosmarin**, Salz und zerquetschtem **Knoblauch** gut mischen. Von außen nach innen kreisförmig und relativ eng in die Pfanne der Tarteform schichten. Mit **Gorgonzolastücken** belegen.
Den Teig auf einer bemehlten Fläche kreisrund ausrollen, auf den Kürbis legen und an den Rändern nach unten drücken. Mit einer Gabel Löcher in den Teig stechen.
Im Backofen etwa 45 - 50 Minuten backen, bis der Teig schön hellbraun ist.
Aus der Form auf einen großen Teller stürzen.

KLOSTERKUCHEN MIT LAUCH

Gegen die Schweizer Küche ist überhaupt nichts zu sagen. Viel Käse, viel Sahne, viele Eier, ein bisschen deftig und rustikal, mit der Tendenz zum Mediterranen. Also allem, was sich der Gaumen wünscht. Dieser Klosterkuchen ist zwar weniger mediterran, aber ansonsten erfüllt er alle Wünsche. Er gehört zu unseren allerliebsten Quiches und wird mit in Weißwein gedünstetem Porree zubereitet. Sehr köstlich!

Zutaten:
Für den Mürbeteig:
200 g Mehl
100 g Butter
2 – 3 EL Wasser
Meersalz
Für die Füllung:
2 Lauchstangen
20 g Butter
3 EL Weißwein
200 g Emmentaler gerieben
1 Apfel, gerieben
2 Eier
200 ml Sahne
Meersalz
Pfeffer

Tipp: Mürbeteig zubereiten, ausrollen und gleich in der Form ruhen lassen

Form mit Butter einfetten. Dann in einer Schüssel Mehl, in kleinere Stücke geschnittene Butter, Salz und Wasser mit den Händen zu einem **Teig** reiben und kneten. Auf wenig Mehl ausrollen und in die Form legen, sodass ein kleiner Rand entsteht. Teig mehrmals mit der Gabel einstechen. 1 Stunde ruhen lassen.
Backofen auf 200° C Umluft vorheizen.
Den **Lauch** putzen und in Ringe schneiden. In einer Pfanne in etwas Butter andünsten, bis er weich wird und mit Weißwein ablöschen. Kurz ankochen lassen und den Herd ausschalten. In einer Schüssel den **Käse, Apfel, Eier** und **Sahne** mischen, mit Pfeffer und vorsichtig mit Salz würzen. Den etwas abgekühlten Lauch darunter mischen.
Die Füllung auf den Teig geben und für 25 bis 30 Minuten im Ofen backen. Vor dem Anschneiden 5 Minuten ruhen lassen. Schmeckt auch kalt.
Dazu: bunt gemischter Blattsalat.

BLUMENKOHLTARTE

Dem kulinarischen Wert von Blumenkohl stehe ich wirklich skeptisch gegenüber. Damit bin ich – in der Familie – nicht allein. Mein Sohn mag ihn eigentlich nur mit Sahnesauce, ich bevorzuge eines der Curries, meine Töchter und mein Mann essen ihn halt, weil sie Hunger haben, aber nur in kleinen Portionen. Doch soll man ihn deshalb gleich aus seinem Leben verbannen? Der eine hat ihn in der Biokiste, der andere kauft ihn, weil Brokkoli noch unbeliebter ist.
Blumenkohl ist eben eine echte Herausforderung. Er sieht nicht nur blass aus, sondern schmeckt auch so. Ich habe hier einem italienischen Rezept mehr Farbe und Geschmack untergejubelt. Das Ergebnis hat uns alle erstaunt - und letztendlich versöhnlich gestimmt. Bis zum Abend ist von der Tarte erfahrungsgemäß nichts mehr übrig.

Zuerst den **Mürbeteig** vorbereiten: Dafür in einer Schüssel das Mehl mit den kalten Butterstücken, Ei, Salz und Wasser zu einem geschmeidigen Teig verkneten. Zu einer Kugel formen. Dann auf bemehlter Arbeitsfläche etwas größer als die Spring- oder Tarteform ausrollen.
Mit etwas Übung rollt man nun den Teig über die Rolle auf, legt diese über die Form und rollt ihn wieder auseinander, sodass der Teig möglichst mittig in die Form gleiten kann. Für 30 Minuten in den Kühlschrank stellen.
Backofen auf 180° C Umluft aufheizen.

Währenddessen den **Blumenkohl** in Röschen teilen und diese der Länge nach, dann quer in möglichst kleine Stücke schneiden. Zum Teil wird er einfach zerfallen, das ist gewollt.
In einer Schüssel den Blumenkohl, **Petersilie, Ricotta, Eier, Knoblauchzehe** und **Schalotte** gut miteinander vermischen, dann mit Salz, viel Pfeffer und dem Muskat würzen. Auch den gewürfelten **Käse** unterheben.
Die Gemüsemischung auf den Mürbeteigboden verteilen und im Ofen etwa 30 Minuten backen.

Zutaten: (4 Personen)
400 g Blumenkohl (oder Romanesco)
1 Bund Petersilie, frisch, gehackt
1 Schalotte, klein gehackt
1 Knoblauchzehe, klein gehackt
2 Eier
250 g Ricotta
1 TL Meersalz
Pfeffer
Muskat
100 g pikanter Käse (z.B. Parmesan, Emmentaler gemischt)

Für den Mürbeteig:
200 g Dinkelmehl Typ 630
100 g Butter, kalt, grob zerkleinert
1 TL Meersalz
1 Ei
evtl. 2 TL Wasser

ZUCCHINITARTE MIT RICOTTA

Für meine erste Garten-Zucchini der gestreiften Sorte „Cocozelle di Tripolis" habe ich mir ein besonders leckeres Rezept ausgedacht. Die Ernte muss schließlich auch ein bisschen gewürdigt werden, nachdem im Jahr zuvor mit den Zucchini so überhaupt nichts los war.
Nun wird sie also hauchdünn gehobelt als Belag auf knusprigem Mürbeteig verarbeitet. Unter ihr versteckt sich eine ebenso hauchdünne Schicht Roter Zwiebeln sowie Ricotta mit Thymian. Meine Familie war absolut hingerissen.
Für die Zubereitung habe ich eine 32-cm-Form mit Hebeboden gewählt. Eine normale Springform tut es auch – dann sollte man aber die Tarte noch 5 Minuten länger backen (evtl. mit Alufolie leicht abgedeckt).

Die Zutaten für den **Mürbeteig** in einer Schüssel miteinander verkneten, zu einer Kugel formen und in Frischhaltefolie gewickelt 30 Minuten im Kühlschrank ruhen lassen.
Die **Zucchinischeiben** in ein Sieb legen, mit 2 Prisen Salz bestreuen, vorsichtig vermischen und 30 Minuten Wasser ziehen lassen. Danach vorsichtig ausdrücken, damit noch etwas mehr Flüssigkeit entweicht. In einer Schüssel mit dem Olivenöl vermengen, am besten mit den Fingern, die Scheiben sollten heil bleiben.
Ricotta mit **Thymian** vermischen.

Den Teig auf einer bemehlten Fläche in der Größe der Backform plus 2 Zentimeter für den Rand ausrollen. Mit einer Palette von der Arbeitsfläche lösen und mit deren Hilfe in die gefettete Form legen. Überstehenden Teig entfernen und damit ramponierte Stellen ausbessern.
Ricottamischung auf dem Boden verstreichen.
Dann die dünnen **Zwiebelscheiben** darauf legen, etwas pfeffern und die Zucchinischeiben überlappend, sorgfältig vom Rand her in Kreisen bis zur Mitte verteilen.
Backzeit 30 Minuten bei 200° C Umluft.

Zutaten: (4 Personen, Tarteform 32 cm Ø)

Für den Teig:
200 g Mehl Typ 550
100 g Butter
2 Prisen Meersalz
3 EL eiskaltes Wasser
1 TL Essig

Für den Belag:
1 große Zucchini, in 1-mm-Scheiben gehobelt
1 Rote Zwiebel, in dünne Scheiben gehobelt
250 g Ricotta
Meersalz
Pfeffer
4 Zweige frischen Thymian, Blätter abgezupft
2 EL Olivenöl

GALETTES MIT MEDITERRANER FÜLLUNG

Das hat man nun davon, wenn man extra vorkocht, zwei Stunden aus dem Haus geht und dann hungrig und vorfreudig zurückkommt: schlechte Laune. Zwei mickrige Viertel einer Galette hat mir meine rücksichtsvolle Familie übrig gelassen. Dafür waren alle voll des Lobes: „Exzellent!", „Voll gut!" , „Kannst du öfter machen!"
Na gut. Hauptsache, es hat geschmeckt. Verzicht schont die Figur. Der Teig ist nämlich butter-butter-zart und zergeht auf der Zunge.

Zutaten: (4 Personen bzw. 4 Galettes)
400 g Gemüse (Zucchini, Aubergine, Paprika)
1 Zwiebel, gehackt
2 Knoblauchzehen, gehackt
100 ml Rotwein, dunkel und tief (z.B. Primitivo)
2 EL Tomatenmark
1 Chilischote, scharf, ganz
Olivenöl
1 TL Meersalz
Pfeffer
1 TL Kräuter der Provence
125 g Mozzarella, gewürfelt
100 g Parmesan, gehobelt (alternativ: Grana Padano)

Für den Teig:
160 g Mehl Typ 550
115 g Butter, kalt, in Stücke geschnitten
60 g Schmand
2 TL Zitronensaft
1 Prise Meersalz
1 Eigelb zum Bestreichen

Man beginnt mit dem T**eig,** denn der muss ja noch in den Kühlschrank. Dafür in einer Schüssel Mehl mit Salz, Butterwürfeln, Schmand und Zitronensaft vermischen und zwischen den Fingern verreiben, bis man eine Teigkugel formen kann. Im Kühlschrank eingewickelt 1 Stunde ruhen lassen.
Für die **Füllung** Gemüse in Würfel schneiden. Zuerst die **Auberginenwürfel** zusammen mit den **Zwiebeln,** dem **Knoblauch** und der ganzen **Chilischote** in reichlich Olivenöl, am besten in einem Schmortopf anbraten, bis sie zu bräunen beginnen. Das dauert etwa 7 Minuten, dabei den Deckel immer wieder auf den Topf setzen, damit das Gemüse im eigenen Saft schmoren kann. Sobald keine Flüssigkeit mehr vorhanden ist, mit dem Wein ablöschen. Dann restliches Gemüse, **Tomatenmark** sowie Salz und getrocknete Kräuter hinzufügen und gut umrühren. Noch weitere 3 Minuten schmoren, dann abschmecken. Chilischote entfernen.
Etwas abkühlen lassen. Danach **Mozzarellawürfel** und **Parmesanhobel** untermengen.
Backofen auf 200° C Umluft vorheizen. Backtrennpapier auf die Arbeitsfläche legen. Den Teig vierteln. Jedes Stück auf leicht bemehlter Fläche zu einem dünnen, handgroßen Kreis (ca. 20 cm Ø) ausrollen.
Mein Tipp: Da der Teig sehr weich ist, am besten gleich auf das Backtrennpapier legen, jeweils 3 EL Gemüse in die Mitte häufeln und den Rand nach innen klappen. Oben bleibt eine Öffnung. Das Papier auf das Backblech ziehen.
Die Teigränder mit dem verquirlten Ei - auch unter den Falten - bestreichen.
Im Backofen 25 Minuten backen bis die Galettes goldbraun sind.

SPINAT-KÄSE-RÖLLCHEN IN FILOTEIG

Außen knusprig durch den hauchdünnen Filoteig und innen schön saftig. Die Spinat-Röllchen sind schnell gemacht und schmecken warm ebenso gut wie kalt, sind also bestens dafür geeignet, um mit ins Büro oder die Schule zu wandern. Die Röllchen sind satt gefüllt mit Spinat und Mozzarella, dazu noch Feta, aber auch andere Käsesorten sind geeignet (jeder hat ja so seine Vorlieben).

Zutaten: (10 Stück)
250 g Filoteig (10 Blätter)
400 g Spinat, frisch
1 Zwiebel, klein geschnitten
2 Knoblauchzehen, klein gehackt
2 TL Thymian, getrocknet
150 g Mozzarella, gerieben (2 EL zurückbehalten)
150 g Feta, zerbröckelt
Meersalz
Pfeffer
Muskat
60 g Butter zum Bestreichen
2 EL Butter zum Andünsten
2 EL Semmelbrösel

Den Backofen auf 180° C Umluft vorheizen. In einer Schüssel die **Butter** in der Wärme schmelzen lassen.
In einem großen Topf **Zwiebel** und **Knoblauch** in Butter andünsten, den gewaschenen und grob gehackten **Spinat** dazugeben und zusammenfallen lassen. Mit Salz, Pfeffer, **Thymian** und Muskat würzen, ein paar Minuten garen und die Flüssigkeit verdampfen lassen (oder auch in ein Glas schütten und trinken). Vom Herd nehmen.
Dann den geriebenen **Mozzarella** und **Feta** mit dem Spinat vermischen.

Die **Filoteigblätter** vor dem Füllen mit der flüssigen Butter bepinseln. Etwa 1 gehäuften EL der Füllung auf die Länge eines Filoteigblattes verteilen. Den Teig aufrollen, an den Enden nach unten umklappen und nebeneinander auf ein mit Backtrennpapier ausgelegtes Blech legen.
Dann die **restliche Butter** mit den **Semmelbröseln** und dem zurückbehaltenen **Mozzarella** vermischen und über die Filoteigrollen verteilen.
Im Backofen 25 Minuten bräunen lassen. Evtl. vorsichtig voneinander trennen.

PIZZA
FLAMMKUCHEN & CO

KÜCHENKONFUSION

Kulinarische Traditionen hin oder her, der beste Beweis für eine interkulturelle, europäische Fusion sind doch die Würstchen auf der Pizza. Die gehören da nämlich gar nicht hin, sondern schön in Senf getunkt. Aber irgendwer hat die ja zu irgendeinem Zeitpunkt in die Welt gesetzt. Ob ursprünglich ein bayerischer Tourist in Neapel nicht auf seine Würschtl verzichten wollte, oder ein Pizzabäcker dachte, er kommt dem deutschen Geschmack entgegen – das weiß man nicht. Jedenfalls gehört die „Pizza con Wurstl" in Italien mittlerweile zu festen Repertoire einer Pizzeria. Ebenso die „Pizza Bismarck" mit Spiegelei und Speck, die sogar von Einheimischen goutiert wird (ich hab's vor einiger Zeit mit großem Erstaunen am Nebentisch zur Kenntnis genommen). Typische Fälle deutsch-italienischer Küchen-Fusion.
Mein Sohn würde das zum Beispiel nicht machen. Er bestellt immer nur „Pizza Margherita". Seit Jahren, ganz stereotyp. Ist ja auch nicht die schlechteste Wahl, aber von Experimentierfreude keine Spur. Im Gegensatz zu mir. Ich esse am liebsten jedes Mal etwas anderes.
Kein Zweifel besteht wohl daran, dass Italiener ein etwas lebhafteres Volk als wir Deutschen sind. Italiener frequentieren auch andere Speiselokale als der ausländische Tourist, der am liebsten immer direkt am Strand oder mit Blick auf den barocken Dom oder eine andere schöne Kulisse dinieren möchte. Nein, Italienern macht es nichts aus, an einer gut befahrenen Straße und unter Neonlicht zu sitzen.

In einem solchen Etablissement waren auch wir. Es ist immer brechend voll, total eng wegen der vielen Tische, und ab acht drängt sich eine kilometerlange Schlange vor dem Pizzaofen, die nicht kürzer wird, auch wenn ein Stapel XXL-Kartons nach dem anderen das Lokal verlässt. Weil es dazu noch Fantapizza heißt, fiel es bei uns Frauen immer durchs Raster – nicht so bei den männlichen Familienmitgliedern.
Wir hatten also einen Tisch reserviert. Als gute Deutsche schon pünktlich um halb acht. Wäre es nach meinem Mann gegangen auch bereits um sechs, aber da stehen noch die Stühle auf den Tischen, die Putzfrau wischt nochmal durch; und der Ofen wird erst angeheizt.
Das Lokal füllte sich rasch und damit stieg auch der Lärmpegel, während wir noch die Karte konsultierten. Aus der schieren Notwendigkeit passt man sich an und beginnt ebenfalls zu schreien. Ich dringe über den Tisch kaum zum Ohr der Bedienung durch, ich wollte nämlich die weiße Pizza mit Kartoffelscheiben und Rucola („pizza bianca con patate lesse e rucola") bestellen. Habe ich auch. Aber was kam? Keine „patate", sondern „patatine", eine Pizza mit Pommes, dafür aber noch Rucola obendrauf. Meine Kinder haben mich angesehen, als sei ich irre geworden.
Pommes auf Pizza wäre das letzte, was ich mir bestellt hätte. Das hat man nun davon! Ein typischer Fall deutsch-italienischer Küchen-Konfusion. Weil die Pommes superfrisch waren, war sie trotzdem gut.
Ich geb's ja zu.

WEISSE ZWIEBELPIZZA

Zutaten: (2 Personen bzw. eine Pizza von 30 - 35 cm Ø)

Für den Teig:
100 g Pizzamehl
80 g Mehl Typ 550
70 g Vollkornmehl
1 TL Meersalz
2 EL Olivenöl
150 ml Wasser
10 g Hefe

Für den Belag:
1 Gemüsezwiebel, gewürfelt
1 - 2 EL Crème fraîche
1 Ei (oder 2 Eigelb)
100 g Provolone, gehobelt
Meersalz
Pfeffer
1 Prise Kreuzkümmel
Olivenöl

Was macht man mit einer Gemüsezwiebel, Crème fraîche, Provolone und Lust auf Pizza? Genau: Eine Zwiebel-Pizza, die zugegebenermaßen bis auf den Pizzaboden von einem Zwiebelkuchen nicht allzu weit entfernt ist. Und wirklich lecker!
Tipp: Wenn man vorher wie ich die Baisers (Rezept S. 153) gebacken und deshalb 4 Eigelb übrig hat, nimmt man die anstelle des einen Eis, der Belag wird dann besonders gelb.

Die trockenen Zutaten für den **Teig** in einer Schüssel mischen, dabei in eine Kuhle in der Mitte die **Hefe** hineinbröckeln und in etwas Wasser auflösen. Nach und nach das **Mehl** mit dem Öl und restlichen Wasser verarbeiten und mit den Händen zu einem elastischen Teig verkneten.
In der Schüssel zugedeckt mindestens 1 Stunde gehen lassen (oder im Kühlen über Nacht). Teig auf der Arbeitsfläche mit den Fingern auseinanderziehen und in Form bringen (rund oder eckig). Die Menge reicht ungefähr für ¾ des Blechs bzw. eine rundliche Pizza von 30 - 35 cm Durchmesser. Blech mit Mehl bestreuen und den Teig darauf legen. Wer einen Pizzastein benutzen will, sollte den Teig halbieren und 2 Pizzen backen.
Backofen auf 250° C Umluft plus Unterhitze (ggf. mit Pizzastein) aufheizen.
Die **Gemüsezwiebel** in einer Pfanne mit etwas **Olivenöl** 10 Minuten zugedeckt bei mittlerer Hitze andünsten, bis die Zwiebelwürfel weich sind. Etwas abkühlen lassen.
Dann mit **Crème fraîch**e und **Ei** verrühren, mit Salz, Pfeffer und Kreuzkümmel würzen und den **Käse** untermischen.
Den Belag auf dem Pizzaboden verteilen.
Backblech (bzw. heißen Pizzastein) für etwa 12 Minuten in den Ofen schieben, bis die Oberfläche zu bräunen beginnt.
Aus dem Ofen nehmen und genießen.

PIZZA BIANCA MIT RUCOLA

Dieses Pizza-Rezept arbeitet mit einem Vorteig und über Nacht. Die längere Teig-Ruhezeit verbessert den Geschmack und die Verträglichkeit. Man benötigt wenig Hefe, er geht sehr gut auf, und man erhält einen schön elastischen Teig zum Formen der Böden. Eine tadellose, wohlschmeckende, aromatische, knusprige Pizza (wenn man von dem fehlenden Holzbackofeneffekt absieht).

Die **Mehlsorten** für den Vorteig in einer Schüssel mischen. **Hefe** in dem Wasser auflösen und danach unter das Mehl mischen. In der Schüssel zugedeckt über Nacht gehen lassen. wer weniger Zeit hat, wartet mindestens 1 Stunde.
Am nächsten Tag das restliche Mehl, Salz und Olivenöl hinzufügen und 10 Minuten auf der Arbeitsfläche kneten. Eventuell noch etwas Wasser hinzufügen. Der Teig soll schön geschmeidig sein. **30 Minuten** abgedeckt gehen lassen.
Den Teig nun dehnen und falten und zu einer Kugel formen. In vier gleiche Teile teilen und diese in einer eingeölten Schüssel **3 Stunden** abgedeckt gehen lassen.
Den Backofen auf 250° C Unterhitze plus Umluft oder Pizzastufe (mit Unterhitze) aufheizen.
Nacheinander aus den Teigstücken Pizzen formen. Am besten zuerst mit der Faust eine Kuhle in die Mitte des Teigstückes drücken, dieses dann über den Handrücken kreisrund auseinander dehnen und auf der Arbeitsfläche mit den Fingern zu einem schönen Pizzaboden formen. Beim Auseinanderziehen einen Wulst am Rand erhalten.
Den **Pizzaboden** auf einen bemehlten, glatten Kuchenretter oder einen Pizzaschieber legen, mit zerrupftem **Mozzarella** und halbierten **Tomaten** belegen, mit **Olivenöl** beträufeln und im Backofen auf dem heißen Blech oder Pizzastein ca. 8 Minuten backen. Die Backzeit reduziert sich dann bei den anderen Böden bis auf 6 Minuten. Die Pizza herausholen, mit **Rucola** belegen und etwas Öl beträufeln.

Zutaten: (4 Pizzen)

Für den Vorteig:
100 g Vollkorn-Weizenmehl
200 g Mehl Typ 550
5 g Hefe
300 ml Wasser

Für den Hauptteig:
300 g Pizzamehl (oder Typ 550)
3 TL Meersalz
1 EL Olivenöl
evtl. noch 2 EL Wasser

Für den Belag:
250 g Mozzarella, zerrupft
Kirschtomaten, halbiert
Rucola
Olivenöl
zum Ausarbeiten:
Semola oder Mehl

SAUERKRAUT-FLAMMKÜCHLEIN

Zutaten:
(ergibt 16 Flammküchlein, 4 Personen)
Für den Teig:
20 g Hefe
250 g Mehl
1 EL Öl
Salz

Für den Belag:
250 g Sauerkraut
1 Apfel, gehobelt
1 Rote Zwiebel
200 g Saure Sahne
3 EL Zwiebelschmalz
1 EL Rapsöl
Meersalz
1 EL Zucker
1 - 2 TL Curry
Kresse od. Rettich-Sprossen (alternativ: Schnittlauchröllchen)

Flammküchlein mit Superfood-Faktor. Sie sind unten schön knusprig und oben saftig, mit mildem Geschmack. Eines unserer liebsten Rezepte ist dieses, bei dem ich das Sauerkraut leicht karamellisieren lasse und mit Curry würze. Das passt hervorragend. Super lecker!

Für den **Hefeteig** das Mehl in eine Schüssel geben, in die Mitte eine Kuhle hinein drücken, die in 150 ml lauwarmen Wasser aufgelöste Hefe dazu geben, Salz und Öl ebenso, dann alles leicht vermischen und mit den Händen für ein paar Minuten zu einem geschmeidigen Teig kneten. Zugedeckt mindestens eine halbe Stunde gehen lassen.
Für den Belag **Sauerkraut** in einem Sieb abtropfen lassen und den **Apfel** ungeschält raspeln. Die **Zwiebeln** in Streifen schneiden und im Öl ein wenig anbraten. Sauerkraut, Zwiebelschmalz und Apfel dazu und dünsten, bis die Flüssigkeit vom Topfboden verdampft ist. Ist das Sauerkraut sehr sauer, Zucker in die Mitte des Topfs geben und kurz karamellisieren lassen. Dann mit **Curry** abschmecken und die **Saure Sahne** unterheben.
Backofen auf 240° C Umluft vorheizen.
Den Hefeteig zu einer Rolle formen und in 16 Stücke teilen. Diese zu kleinen Kreisen ausrollen, auf zwei mit Backtrennpapier ausgelegte Backbleche legen und mit je einem Esslöffel der Sauerkrautmischung belegen.
Nun etwa 15 Minuten backen. Vor dem Servieren mit Kresse oder Sprossen (alternativ: Schnittlauch) bestreuen.

EMPANADAS MIT TOMATEN UND SCHAFSKÄSE

Zutaten: (16 Stück)
Für den Teig:
500 g Mehl Typ 550
30 g Hefe, frisch
½ TL Rohrohrzucker
1 ½ TL Meersalz
50 ml Olivenöl
150 ml lauwarme Milch
100 ml lauwarmes Wasser

Für die Füllung:
500 g Tomaten
3 Zwiebeln, fein geschnitten
3 - 5 Knoblauchzehen
1 kleine grüne Paprikaschote
2 TL Piment d´Espelette (oder Cayenne)
2 TL Oregano
1 Prise Pimentòn de la Vera
Pfeffer
Meersalz
250 g Feta gerieben oder Mozzarella, gewürfelt
1 Ei

Empanadas liegen bei uns hoch im Kurs. Die Kinder lieben diese Teigtaschen. Wir füllen sie mit einer pikanten Tomaten-Paprika-Füllung mit Mozzarella oder Feta, essen sie heiß oder warm, zu Hause und unterwegs, das spielt keine Rolle, aber übrig bleibt keine.

Für den Teig: Das **Mehl** mit dem Salz in eine Schüssel geben, in die Mitte eine Vertiefung drücken und dort die **Hefe** mit dem Zucker und der lauwarmen **Milch** auflösen. Dann **Olivenöl** und Wasser zuerst mit den Knethaken des Handrührers in das Mehl kneten und mit den Händen weitermachen, bis sich der Teig aus der Schüssel löst und nach 10 Minuten richtig schön geschmeidig ist. In der Schüssel zugedeckt eine Stunde gehen lassen.
Für die Füllung: Die **Zwiebeln** in **Olivenöl** andünsten und bei geschlossenem Deckel und mittlerer Hitze 10 – 15 Minuten glasig garen. Den **Knoblauch** mit einem schweren Messer platt drücken, mit etwas Salz bestreuen und klein hacken. Zu den Zwiebeln geben. Ebenso die klein geschnittene **Paprika**. Die **Tomaten** in kochendem Wasser blanchieren und häuten. In feine Stücke schneiden und mit dem anderen Gemüse mitdünsten. Die **Gewürze** und **Kräuter** dazugeben, alles gut umrühren und bei hoher Hitze bis zu 10 Minuten einkochen, bis die Flüssigkeit verdampft ist. Dabei immer wieder umrühren, damit nichts ansetzt. Gemüse abkühlen lassen.
Ei und **Käse** unterheben, alles schön pikant abschmecken.
Aus dem Teig eine Rolle formen und in 16 Stücke teilen. Den Backofen auf 180° C Umluft vorheizen.
Die einzelnen Teigstücke zu runden, etwa handgroßen Fladen ausrollen. Jeweils 1 Esslöffel der Füllung in die Mitte geben und zu einem Halbkreis zusammenklappen. Der Teig sollte möglichst außen herum nicht feucht werden, da er sonst an diesen Stellen nicht mehr zusammenklebt und während des Backens aufreißt. Die Ränder festdrücken und wie eine Kordel nach innen eindrehen. Auf zwei mit Backtrennpapier ausgelegte Bleche legen.
20 Minuten backen.

FLAMMKUCHEN MIT GERÖSTETEN TRAUBEN, KARTOFFELN UND ROSMARIN

In Italien würde ich für italienische Freunde nicht unbedingt eine Pizza backen wollen. Daher habe ich für solche Gelegenheiten auf Flammkuchen umgesattelt und treffe damit voll ins Schwarze. Nicht nur, weil er einfach super schmeckt, nein, man kennt ihn hier nicht, und der Überraschungseffekt ist entsprechend groß. Bingo.
Ich habe meinen Gästen verschiedene Varianten gebacken, und sie wurden bis auf den letzten Krümel vertilgt. Dazu gab es guten Vermentino, und es wurden allesamt sehr schöne Abende.

Zutaten:
Für den Teig (ergibt 2 Flammkuchen):
250 g Mehl Typ 550
1 Eigelb
Meersalz
3 EL Olivenöl
110 ml Wasser

Für den Belag:
(1 Flammkuchen)
150 g weicher Käse (Ziege oder anderer Frischkäse)
1 mittlere Kartoffel, in hauchdünne Scheiben gehobelt
Rote Zwiebel, es reichen ein paar sehr dünn gehobelte Scheiben
1 Zweig Rosmarin, klein gehackt
2 EL Trauben, halbiert oder angeritzt
Meersalz
Pfeffer
Olivenöl

Für den Teig alle Zutaten in einer Schüssel vermischen, dann ein paar Minuten kneten, bis eine elastische Kugel entsteht, die man bei Zimmertemperatur 1 Stunde ruhen lässt. Übrigens: Dieser Teig lässt sich auch vorbereiten bzw. hält sich im Kühlschrank in einer luftdichten Schüssel mehrere Tage. Ist also für spontane Flammkuchen-Anfälle bestens geeignet.
Den Backofen auf 270° C Umluft vorheizen. Die Bleche mit erhitzen.
Den Teig für einen **Flammkuchen** zu einer Kugel formen und auf bemehlter Arbeitsfläche kreisrund dünn ausrollen, sodass er noch auf ein Blech passt. Auf Backtrennpapier legen. Für den **Belag** zuerst den **Käse** verteilen oder verstreichen, je nach Konsistenz, dann die **Kartoffelscheiben** darauf legen und die Fläche damit bedecken, **Zwiebelscheiben** darauf verteilen und die **Trauben** ebenso. Alles leicht salzen, mit **Rosmarin** bestreuen und gut pfeffern. Mit **Olivenöl** beträufeln.
Nun mit dem zweiten Flammkuchen ebenso verfahren, zum Beispiel mit Käse, dünnen Zucchinischeiben, Zwiebeln und etwas Parmesan, Salz und Pfeffer oder einem anderen Belag nach Wahl. Auf Backtrennpapier für das zweite Blech legen.
Heiße Backbleche herausnehmen und die Flammkuchen mit dem Papier darauf ziehen.
Den bzw. die Flammkuchen in den Ofen schieben und für etwa 10 Minuten bräunen lassen. In größere Streifen oder Stücke schneiden und servieren.

FLAMMKUCHEN MIT KÜRBIS UND PECORINO

Das wäre doch gelacht, wenn ich meinen Kürbis allein essen müsste. Darauf habe ich keine Lust. Also habe ich mir als „Verpackung" diesmal einen Flammkuchen ausgedacht, hauchdünn und mit geraspeltem Kürbis belegt. Dann fällt er den Kindern vielleicht nicht gleich ins Auge. Weitere, geschmacksgebende Zugaben sind der gereifte, sardische Pecorino und Rosmarin. Im Original wird Flammkuchenteig ohne Hefe zubereitet. Ich füge trotzdem ein bisschen davon hinzu, weil der Teig dann etwas lockerer wird.
Übrigens war die unmittelbare Frage meines Sohnes, als das Essen auf dem Tisch stand, natürlich: „Ist das Kürbis?" Dann, nach dem ersten Bissen, musste er doch zugeben: „Ist das lecker!"

Zutaten: (4 Personen bzw. 2 runde Flammkuchen à 35 cm Ø)

Für den Teig:
250 g Dinkelmehl Typ 630
1 Eigelb
3 EL Olivenöl
1 Prise Meersalz
110 ml Wasser

Für den Belag:
125 g Ziegenfrischkäse
100 g Crème fraîche
1 Zweig Rosmarin, klein gehackt
Pfeffer
Meersalz
3 EL Olivenöl
200 g Kürbis, geraspelt
2 Rote Zwiebeln, in Streifen geschnitten
100 g Pecorino, gerieben

Aus den Zutaten für den **Boden** einen geschmeidigen Teig herstellen. In einer Schüssel zugedeckt etwa 1 Stunde ruhen lassen.
Für den **Belag** die angegebenen Zutaten miteinander in einer Schüssel vermischen, mit Salz und nicht zu wenig Pfeffer abschmecken und beiseite stellen.
Backofen auf 240° C Unterhitze/Umluft oder Ober-/Unterhitze vorheizen. Wer einen Pizzastein besitzt, heizt diesen mit auf.
Auf bemehlter Arbeitsfläche eine Hälfte des Teigs zu einer dünnen Scheibe ausrollen. Entweder auf ein mit Backtrennpapier ausgelegtes Blech oder auf den Pizzastein legen. Die Hälfte des Belags darauf verteilen, glatt streichen und backen. Bei mir dauert das nicht länger als 10 Minuten. Aber jeder Backofen ist etwas anders.

PIZZA MIT ZUCCHINICREME UND BUNTEN TOMATEN

Zutaten: (4 Pizzen)
Für den Teig:
300 g Semola
100 g Vollkorn-Weizenmehl oder Typ 550
20 g Hefe
220 ml Wasser
1 TL Salz
1 EL Olivenöl

Für den Belag:
1 große Zucchini, geraspelt
1 Knoblauch, zerquetscht
mehrere Thymianzweige
1 EL Butter
160 g Ricotta
16 kleine, bunte Tomaten, halbiert
4 Kugeln Mozzarella, zerrupft
Olivenöl
Meersalz
Pfeffer
evtl. Zucchiniblüten (Stempel entfernt)

Der Boden dieser Feinschmecker-Pizza ist kross und knusprig, da kein herkömmliches Mehl, sondern *Semola rimacinata* genommen wird, also ein fein gemahlener Hartweizen. Der Teig bildet keine gigantischen Luftblasen, aber er schmeckt tadellos. Mit der Zucchinicreme und den frischen Tomaten wunderbar.

Für den **Pizzaboden** die **Mehlsorten** miteinander in einer Schüssel vermischen, die **Hefe** in einer Kuhle in der Mitte mit 70 ml Wasser auflösen und dann mit dem Mehl verkneten. Das **Salz** in 50 ml Wasser auflösen und zu dem Mehl geben und kneten. Dann noch einmal 100 ml Wasser und das **Olivenöl** hinzufügen und weiter kneten (insgesamt etwa 10 Minuten). Den Teig in der abgedeckten Schüssel 2 Stunden gehen lassen.
Für den **Belag** die Zucchini in Butter in einem Topf mit dem **Knoblauch** und den **Thymianzweigen** 5 Minuten dünsten, danach Thymianzweige entfernen und (wenn etwas abgekühlt) mit dem **Ricotta** mithilfe einer Gabel vermischen. Die Masse mit Salz und Pfeffer abschmecken.
Den Pizzateig vierteilen. Nacheinander runde Pizzen formen, das geht gut mit einem Nudelholz, drückt aber auch die Luftblasen raus, also behutsam vorgehen. Den Backofen auf 240° C Umluft (oder besser noch: Pizzastufe) mit Blech oder Pizzastein aufheizen.
Die Pizzen nacheinander backen. Hierfür zuerst die Böden am besten auf einen bemehlten Pizzaschieber legen, mit der Creme bestreichen und zunächst 8 Minuten backen. Danach mit **Tomaten** und **Mozzarella** (und eventuell den **Zucchiniblüten**) belegen und weitere 2 – 4 Minuten backen. Herausnehmen, mit Olivenöl beträufeln und pfeffern.

KARTOFFEL-ROSMARIN-FOCACCIA

Lecker, lecker, lecker! Der Teig ist dicker als bei der Pizza, schmeckt aber wunderbar und ist natürlich mit dem Belag von Mozzarella und Kartoffeln recht sättigend. Was allerdings nicht heißt, dass man nach dem ersten Stück gleich aufhört zu essen. Die Focaccia schmeckt auch kalt, etwa wie ein saftiges, überbackenes Käsebrötchen und ist deshalb auch für die Lunchbox oder Schul-Brotdose geeignet.
Tipp: Der Teig benötigt eine Vorbereitungszeit von 24 Stunden und wird dann besonders gut. Notfalls reichen auch zwei Stunden.

Mehl, Salz, Hefe in einer Schüssel mischen, Wasser und Olivenöl unter Rühren mit einem Teigspatel hinzufügen. Es entsteht eine noch etwas klebrige Masse. Die Schüssel zugedeckt 1 Stunde an einem warmen Ort stehen lassen.

Den Teig aus der Schüssel kratzen und auf eine bemehlte Arbeitsfläche geben. Leicht bestäuben und mit den Händen dehnen und wieder zusammenklappen, in die andere Richtung dehnen und dann wieder falten. Das macht man (wie beim Brotbacken) etwa 10 Mal. Den Teig in eine leicht geölte, saubere Schüssel legen, wo er nun 24 Stunden im Kühlschrank ruht. (Eilige verkürzen die Wartezeit auf 1 Stunde, bis der Teig bei Zimmertemperatur deutlich aufgegangen ist.)

Den Teig auf einer bemehlten Arbeitsfläche erneut dehnen und falten, so bleiben die Luftblasen im Teig erhalten, und vorsichtig zu einer Kugel formen. Nochmals 1 Stunde zugedeckt ruhen lassen.

Den Backofen auf 220° C Umluft aufheizen.

Den Teig auf der Arbeitsfläche vorsichtig diagonal mit den Fingern auseinanderziehen und zu einem Rechteck formen, das dann auf dem Backtrennpapier ein Blech ausfüllt.

Teig etwas in die Ecken pressen und mit den Fingern Kuhlen in den Teig drücken.

Eine Schicht **Mozzarella** aufbringen, dann die **Kartoffelmasse** verteilen und mit **Rosmarin** bestreuen, mit Salz und Pfeffer gut würzen und zuletzt **Olivenöl** im Zickzack-Muster darüber träufeln.

25 Minuten im Backofen backen, bis die Oberfläche schön goldbraun ist und der Käse Blasen schlägt.

Zutaten: (1 Blech oder 4 Personen)

Für den Teig:
250 g Pizzamehl
250 g Mehl Typ 550 (alternativ: Vollkorn)
½ EL Meersalz
20 g Hefe, aufgelöst mit 1 TL Zucker
350 ml Wasser, lauwarm
20 ml Olivenöl

Für den Belag:
500 g Kartoffeln, gekocht und geraspelt
300 g Mozzarella, abgetupft und gewürfelt
2 Zweige Rosmarin, grob gehackt
Meersalz
Pfeffer
Olivenöl

DIPS, CHUTNEYS & SAUCEN

Rote Bete-Dip mit Meerrettich
Geröstete Paprika-Bohnen-Dip
Frankfurter Grüne Sauce
Geröstete Zucchini à la Baba Ganoush
Tomaten-Feta-Dip mit Thymian
Rucola-Pesto
Pflaumen-Chutney
Hummus mit Chiliöl

MONSTER IN GLÄSERN

Vorräte haben die unangenehme Eigenschaft, im Schrank unwillkürlich nach hinten und in der Tiefkühltruhe nach unten zu wandern, um dort ein vergessenes Dasein zu fristen, bis sie sich dann während des Frühjahrsputzes beim Ausräumen des Schranks wieder schüchtern melden. Je nachdem, um wie viele Frühlinge der Putz verschoben wurde, desto trauriger ihr Zustand. Doch anstatt sich ihrer endlich anzunehmen, verdrängt man sie noch eine weitere Saison, und nichts wird besser.
Da steht sie also nun, eine Kompanie an unansehnlich gewordenen Weck-Gläsern. Was um alles in der Welt hat mich geritten, so viele Gurken, Pfirsiche und Rote Bete einzukochen? Wollte irgendwer wieder schwanger werden? Oder waren so viele Raclette-Abende geplant? Lecker waren sie ja - in frischem Zustand. Aber jetzt sind sie, so hart das klingt, leider nur noch eins: gut für die Tonne. Dieser Gedanke widerstrebt mir zutiefst.
Schlaff und traurig blicken sie mich an. Ich scheue mich davor, die verstaubten Gläser, deren Etiketten sich langsam lösen, zu öffnen, obwohl ich mich ja schließlich nur von deren Inhalt trennen möchte. Vielleicht hätten die Würmer im Kompost noch ihre Freude daran?
Doch vor meinem inneren Auge erwachen die leblosen Früchte beim Öffnen des Deckels zu Leben, zu kleinen Monstern, die sich unkontrollierbar in Bewegung setzen, endlich befreit aus ihrem gläsernen Gefängnis, um es mir heimzuzahlen. Ich schüttele den Gedanken schnell ab. Ach, Schluss mit dem Unsinn! Hier regt sich doch nur mein superschlechtes Gewissen.
Für eine Ausrede reicht das nicht, doch in anderen Küchenschränken sieht es auch nicht besser aus. Dort stapeln sich Ravioli-Dosen, eingelegte Heringsfilets und Würstchengläser aus den 70er Jahren. Kein Scherz. Ich habe das selbst gesehen und flüstere hinter vorgehaltener Hand nur: „Auweia!". Die Schnäppchen der Discounter, die man sich nicht entgehen lassen wollte, konservierte, mediterrane Spezialitäten, die zwar schon mehr als lange überfällig sind, aber immer noch auf Verzehr warten. Berichtet wurde mir auch von einer gigantischen Sammlung bereits grau angelaufener Schnapspralinen, mit der man zu einem früheren Zeitpunkt einen ganzen Strassenzug hätte beglücken können. Sich von belebten Packungen zu trennen, die als Kinderstube für Motten und Minimaden dienen, geht dagegen viel einfacher von der Hand. Mülleimer auf, zack, bumm, weg. Lieber wieder zurück zum Garten. Der stellt einen schließlich regelmäßig vor die Herausforderung, auf einen Schlag mit zehn Kilo Quitten oder Äpfeln zurecht zu kommen. Oder mit der Frage, was mit den drei Kilo Johannisbeeren geschehen soll? Oder den acht auf einmal geernteten Zucchini? Eigentlich gibt es hierfür nur eine sinnvolle Lösung. Was man nicht gleich essen kann, wird eingefroren und eingekocht. Alles, was über fünf Gläser hinausgeht, wird verschenkt. Am besten mit der Bitte um baldige Rückgabe der Gläser. Dann weiß man zumindest, dass sie im fremden Schrank nicht nach hinten gewandert sind.

ROTE BETE-DIP MIT MEERRETTICH

Zutaten:
2 Rote Beten mittelgroß
150 g Nüsse (Sonnenblumenkerne und/ oder Cashewnüsse)
50 - 100 g frischer Meerrettich (alternativ: aus dem Glas)
2 EL Essig (Himbeere od. Balsamico)
Saft einer halben Zitrone
1 Prise Kreuzkümmel
2 EL gerösteter Sesam **(Gomasio)**
Rezept s. S. 23
Salz

Dieser Dip überrascht alle, die die olle Rote Bete sonst am liebsten links liegen lassen. Sogar die Freunde unserer Kinder, die in ihrem Leben noch nie Rote Bete gegessen haben, heben den Daumen. Er ist süßlich-fruchtig und passt zu Brot ebenso gut wie zu Möhren- und Gurkenstreifen. Der Meerrettich bleibt dezent im Hintergrund und verleiht einen besonderen geschmacklichen Akzent.

Den Backofen auf 200° C vorheizen und die halbierten **Roten Beten** mit der Schnittseite nach unten in eine feuerfeste Form legen. Etwa 40 - 45 Minuten garen. Wenn die Roten Beten fertig sind, die Haut entfernen und kleiner schneiden. (Alternativ kann man die Roten Beten auch schälen, in Viertel schneiden und in etwas Wasser dünsten. Dabei geht leider etwas von dem Aroma verloren.)
Meerrettich schälen und reiben - das kann ein bisschen schwierig sein - und mit etwas Zitronensaft beträufeln.
In einer Küchenmaschine oder mit dem Pürierstab die Hälfte des **Meerrettichs, Rote Bete, Nüsse,** Essig, Zitronensaft, Kreuzkümmel, **Sesam** und Salz zu einer feinen Masse verarbeiten. Eventuell 1- 2 EL Wasser hinzufügen, damit sie geschmeidiger wird. Wenn man es schärfer möchte, esslöffelweise Meerrettich dazu geben und immer wieder abschmecken.

GERÖSTETE PAPRIKA-BOHNEN-DIP

Zutaten: (4 Personen)
250 g weiße Bohnen (aus dem Glas), abgetropft
2 rote Paprika
1 Knoblauchzehe
2 EL Zitronensaft
½ TL Chiliflocken
¼ TL Kreuzkümmel
1 TL Meersalz
3 EL Olivenöl
1 TL Agavendicksaft

zum Bestreuen:
2 EL Sesam, geröstet **(Gomasio)**
Rezept s. S. 23

Eine der einfachsten und immer gerne genommenen Vorspeisen oder Snacks ist ein guter Dip, der mit Gemüsestreifen serviert wird, also allerlei jungem Gemüse wie Kohlrabi, Möhren, Gurken oder Radieschen. Das besänftigt die Gemüter, ist gesund und regt den Appetit an, sodass hinterher eine einfache Nudel mit Gorgonzola immer noch Platz hat.
Tipp: Den Dip kann man auch sehr gut als Aufstrich, zum Beispiel für geröstete Brotscheiben, verwenden. Oder zu Pellkartoffeln essen.

Die **Paprikaschoten** in Ringe schneiden, mit 1 EL Öl vermischen und verteilt auf Backtrennpapier im Ofen unter dem Grill (evtl. mit Heißluft kombiniert) rösten, bis die Ränder leicht dunkel werden.
In einem Gefäß **sämtliche Zutaten** miteinander pürieren, nochmals mit Salz, eventuell auch mit Chili und Kreuzkümmel abschmecken und je nach Konsistenz etwas mehr Öl dazugeben.
In eine Schüssel füllen, mit **Sesam** bestreuen und mit Olivenöl beträufeln.

FRANKFURTER GRÜNE SAUCE

„Ist das die leckere Sauce, die ich immer ganz allein essen will?“, war die Frage, nachdem ich unserem Sohn erklärt hatte, dass es Kartoffeln mit Frankfurter Grüne Sauce zum Mittagessen gibt. Genau, die ist es. Mehr gibt es dazu eigentlich nicht zu erläutern.
Traditionell wird Grüne Sauce mit sieben verschiedenen Gartenkräutern gemacht, die man bis in den Spätsommer noch zusammenbekommen kann. Es lohnt sich wirklich. Also Ausschau halten nach Schnittlauch, Petersilie, Sauerampfer, Zitronenmelisse, Kerbel, Borretsch, Dill, aber auch Kresse und Pimpinelle können verwendet werden.
Kräuter sind übrigens sehr gesund, sie enthalten viele Vitamine und Mineralstoffe und machen das Essen bekömmlicher. Nicht umsonst wird vielen von ihnen heilende Wirkung zugesagt. Als reine Deko sind sie also viel zu schade. In der Grünen Sauce findet man sie satt.

Zutaten: (4 Personen)
1 kg Kartoffeln
4 Eier
125 g Kräuter (Schnittlauch, Petersilie, Sauerampfer, Borretsch, Dill, Kerbel, Zitronenmelisse)
1 Knoblauchzehe
200 ml Schmand oder saure Sahne
2 TL Senf
4 EL Olivenöl
1 - 2 EL Zitronensaft
Meersalz
Pfeffer

Kartoffeln und **Eier** im Wasser garen. Die Eier nach etwa 12 Minuten herausfischen, abschrecken und schälen. In der Mitte durchschneiden.
Die **Kräuter** in der Küchenmaschine (oder etwas mühsamer mit dem Wiegemesser) ganz klein hacken. In einer Schüssel **Senf** mit Öl, Salz und Pfeffer sowie der durchgedrückten **Knoblauchzehe** verrühren. **Eigelb** darin zerquetschen und unterrühren. Den **Schmand** hinzufügen, ebenso die Kräuter und Zitronensaft. Das **Eiweiß** in kleine Würfelchen schneiden und unter die Kräutermasse heben. Eventuell nochmal abschmecken. Zu den Pellkartoffeln reichen.

GERÖSTETE ZUCCHINI À LA BABA GANOUSH

Verkokelte Zucchini sind vielleicht eine neue Erfahrung, aber das Ergebnis ist in der Tat umwerfend. Sie bekommen ein intensiveres Aroma und verlieren ihre wässrige Konsistenz. Abgeschmeckt im Wesentlichen mit Chili, Thymian und Sesam, entsteht eine Paste, die wunderbar als Vorspeise auf eine Scheibe geröstetes Brot passt.
Baba Ganoush kommt eigentlich aus der arabischen Küche und wird ursprünglich auf der Basis von Auberginenfleisch gemacht, das ebenfalls aus der verbrannten Haut herausgeschält und mit Sesampaste und Kreuzkümmel verfeinert wird. Wir lieben das und weiten das Rezept sogar häufig noch zu einem Zucchini-Schafskäse-Dip aus.

Zutaten:
(2 - 4 Personen)
5 große Zucchini
1 EL Zitronensaft
1 EL Tahini
1 EL **Gomasio**
(Rezept s. S. 23)
2 Knoblauchzehen
Salz
Chiliflocken
1 TL frischer Thymian
5 EL Olivenöl

Die **Zucchini** unter dem Grill im Backofen 40 Minuten garen, dabei zweimal wenden, sodass sie von allen Seiten schwarz werden. Aus dem Ofen nehmen, etwas auskühlen lassen und mit einem Löffel das Innere herauskratzen. In einem Sieb die Flüssigkeit abtropfen lassen.
Das Zucchinifleisch mit den anderen Zutaten ganz kurz mit dem Pürierstab zu einer Creme verarbeiten und abschmecken. Mit etwas **Gomasio** und **Olivenöl** beträufeln und auf geröstetem Brot reichen.

TOMATEN-FETA-DIP MIT THYMIAN

Mit verschiedenen Dips ist man immer fein raus. Mit einem frischen Brot werden sie Vorspeise oder improvisiertes Abendbrot, oder man isst sie zu Backofengemüse.
Dieser Dip ist meinem Überschuss an Tomaten geschuldet. Getrocknete Tomaten geben ihm Intensität, und das Piment d´Espelette verleiht ihm eine fruchtig-pikante Note. Da Feta von sich aus schon recht salzig ist, passen Gurken und Sprossen noch gut dazu.
Ich glaube, diese Art von Dips bietet viel Potenzial. Man kombiniert Frischkäse, Feta, Crème fraîche mit einer anderen Hauptzutat wie Tomaten, gegrillter Paprika, Basilikum, Thymian, Artischocken, Auberginen, Walnüssen und Honig, mal scharf und pikant, mal mild, mit viel Knoblauch oder wenig. Einfach ausprobieren.

Zutaten:
200 g Feta
100 g Frischkäse
3 Tomaten, geviertelt
4 getrocknete Tomaten
1 TL Thymian, getrocknet
Piment d´Espelette (alternativ: Cayenne)
Pfeffer
Olivenöl
Dazu: ein Stück Gurke und Sprossen

Die getrockneten **Tomaten** in einem Topf mit Wasser und etwas Essig in 10 Minuten weichkochen.
Zusammen mit dem **Käse**, den frischen **Tomaten, Thymian** und **Öl** in einem Gefäß mit dem Pürierstab zermusen. Mit den Gewürzen abschmecken. Mit **Gurken** und Sprossen bestreuen.

RUCOLA-PESTO

Zutaten: (400 ml Glas)
300 g Rucola
3 Knoblauchzehen
100 g Parmesan, gerieben
80 g Pinienkerne, geröstet
Meersalz
200 ml Olivenöl

Manchmal herrscht auf meinen Beeten Rucola-Alarm, und der Dschungel muss gelichtet werden. Einen großen Teil der Blätter benutze ich für ein sehr gutes Pesto. Es hat zwar eine leichte Schärfe, wird aber abgemildert durch Zugabe von relativ viel Parmesan und gerösteten Pinienkernen.
Diese würzige Paste eignet sich nicht nur für Nudeln, sondern auch als Aufstrich für Bruschetta oder als Aromazugabe auf Sandwiches.
In einer anderen Variante habe ich anstelle von Parmesan einen mittelalten Pecorino benutzt und die Pinienkerne durch geschälte Mandeln ersetzt. Auch das geht. Improvisation ist alles.

Rucola in der Küchenmaschine klein häckseln. Dann mit den **Knoblauchzehen**, etwas Salz, den **Pinienkernen** und **Parmesan** in eine Schüssel geben, das **Olivenöl** dazu und mit einem Pürierstab zerkleinern bis zur gewünschten Konsistenz. Nochmal mit Salz abschmecken.
In ein sauberes Gefäß füllen, die Luftblasen mit einem Löffel rausdrücken und mit weiterem Olivenöl auffüllen, sodass es komplett bedeckt ist. Es hält sich etwa 2 Wochen im Kühlschrank.

PFLAUMEN-CHUTNEY

Originalrezept aus dem indischen Bundesstaat Assam, dort allerdings mit deutlich mehr Chilischoten zubereitet. Es schmeckt durch die Nelken und den Zimt für unseren Gaumen im ersten Moment ein bisschen nach Weihnachten, doch es passt mit seinem fruchtigen Aroma und seiner deutlichen Schärfe wunderbar zu allen Curries, Samosas und als Dip zu Papadums. Sehr köstlich!

Zutaten: (6 mittlere Gläser)
1 kg Zwetschgen, entsteint und halbiert
1 kleine Zwiebel, in Streifen geschnitten
2 - 4 Chilischoten, in breite Stücke geschnitten, mit Kernen
5 Knoblauchzehen, grob gehackt
75 ml Wasser
450 g Zucker (ggf. mehr)
600 ml Apfelessig
1 EL Tamarindenpaste
2 - 3 TL Meersalz
1 TL Kreuzkümmel, gemahlen
1 TL Zimt, gemahlen
1 TL Piment, ganz
1 TL Nelken, ganz

Die **Gläser** bei 100° C in den Ofen stellen und 10 Minuten **sterilisieren.** Deckel in kochendem Wasser ebenfalls 10 Minuten sterilisieren. Auf ein sauberes Küchentuch stellen.
Zwetschgen mit **Zwiebel, Knoblauchzehen** und **Chilischoten** in dem Wasser etwa 15 Minuten weich dünsten. Mit dem Pürierstab noch etwas zerkleinern.
Zucker, Salz, **Tamarindenpaste** und Essig hinzufügen, ebenso die **Gewürze**, wobei man Piment und Nelke vorher im Mörser oder einer Gewürzmühle fein zerkleinert hat. 25 - 30 Minuten eindicken lassen, dabei häufig umrühren.
Das **Chutney** am besten mithilfe eines Trichters in die Gläser füllen und mit den Deckeln verschließen. Für ein paar Minuten auf den Kopf stellen und dann komplett auskühlen lassen.

HUMMUS MIT CHILIÖL

Hummus aus Kichererbsen gehört zu unseren liebsten Aufstrichen zu gerösteten Brotscheiben bzw. Dips für Rohkost - und schmeckt einfach immer köstlich. Mit Kakaopulver für Schoko-Hummus habe ich ihn ehrlich gesagt noch nicht probiert, das kommt noch. Dafür aber mit gerösteter Roter Bete, mit getrockneten Tomaten und Tomatenmark, und gerösteten, goldbraun karamellisierten Zwiebeln. Das passt alles wunderbar. Chiliöl wiederum gibt ihm zur Abwechslung einen pikanten Kick. Am tollsten jedoch ist, mit Kichererbsen, egal in welcher Form, tut man sich etwas richtig Gutes. Sie enthalten wenig Kalorien, dafür viele Ballaststoffe, viel Eisen, Kalzium und natürlich wertvolle Proteine.

Zutaten: (4 Personen)
250 g Kichererbsen (über Nacht eingeweicht)
4 EL Tahini
4 EL Olivenöl
Saft 1 Zitrone
1 Knoblauchzehe
1 TL Kreuzkümmel
Salz, Pfeffer
1 Tasse Sprudel-Wasser

Für das Chiliöl:
50 ml Olivenöl
1 Knoblauchzehe
1 Chilischote, getrocknet od. frisch
1 Zimtstange
1 Stück Sternanis, zerbrochen

Kichererbsen in 40 Minuten garkochen. Mit allen Zutaten vermischen und mit dem Pürierstab fein cremig pürieren. Das Wasser macht die Masse locker. Nach Bedarf nachsalzen.
Für das **Chiliöl** Olivenöl erwärmen (und nicht zu heiß werden lassen), darin die **Knoblauchzehe** und zerbröselte oder in Ringe geschnittene **Chilischote,** die **Zimtstange** und evtl. den **Sternanis** ziehen lassen, bis die Knoblauchzehe Farbe annimmt.
Die Knoblauchzehe zerdrücken oder mit der Zimtstange und dem Sternanis entfernen. Das Chiliöl über den Hummus träufeln.

DESSERTS & FRUCHTIGES

Rhabarber-Tarte Tatin
Ricotta al Limone
Marillenknödel
Birnen-Tatins mit Pfeffer und Tête de Moine
Orangencreme mit karamellisierten Walnüssen
Heidelbeer-Plinsen mit Buttermilch
Schokotörtchen mit Schokosorbet
Bitterorangen-Eis
Karamell-Eis mit Fleur de Sel
Clafoutis mit Schwarzen Johannisbeeren
Baiser mit Mascarpone und Beeren
Mango-Kokos-Quark
Pistazien-Eis
Dattel-Nuss-Pralinen

KOLUMNE

BARBARENBARTBARBIER

Früher gab es seltsame Gewohnheiten, über die man sich heute nur noch wundern kann. Zum Beispiel die Kinder zu Fuß zur Schule gehen zu lassen, sie mit Cola abzufüllen und ihnen am Sonntag bei Oma im Garten Rhabarberstängel in die Hand zu drücken, die sie schön tief in ein Glas mit weißem Zucker tunkten, um sie dann auszusaugen und das Gesicht über den grässlichen Geschmack zu verziehen. Aber früher tat man manche Dinge, die heute nicht mehr infrage kämen. Da wusste man es halt nicht besser.

Heute ist man modern, man kutschiert die lieben Kleinen mit dem SUV direkt vors Klassenzimmer, um sie nicht mit dem Straßenverkehr zu überfordern, versorgt die durstigen Quälgeister („Darf ich eine Cola?!“) stattdessen mit Bionade, um sie ruhig zu stellen, und lässt sie Rhabarber natürlich nicht mehr roh auslutschen, sondern zaubert hübsche Rhabarber-Joghurt-Popsicles aus dem Gefrierfach. Zum allgemeinen Amüsement lässt man die Kinder zehnmal ganz schnell hintereinander „Rhabarber“ sagen und prüft die Teenager, ob sie den Unterschied zwischen „der Rhabarber“ und „das Rhabarber“ erklären können. Wenn dann Antworten kommen wie: „Ist das ein Gebirge? So wie der Himalaya?“, sollte man sich selbst auch ein Popsicle gönnen und abkühlen.

Überhaupt ist die Lust auf Rhabarber wieder gestiegen. Seitdem die fitnessverliebten Anhänger der diätaffinen, bewussten Küche entdeckt haben, dass er nur 13 Kalorien pro 100 Gramm enthält, verarbeiten sie ihn munter in Crumble, Käsekuchen, Knödel und Geleespeise. Er wird geschätzt als Schlankmacher und Verdauungsförderer, findet sich wieder in Cocktails, Likören, Low Carb Vital-Drinks und Putzmitteln.

Manche staunen ein bisschen über die deutsche Rhabarber-Marotte. Während seine Kultivierung in den Kleingartenkolonien hierzulande geradezu ein Muss ist, gilt er in Russland zum Beispiel als absolut ungenießbar.

Ein Garten ohne Rhabarber? Ohne *Rheum Rhabarbarum*, die fremdländische Wurzel, die ursprünglich aus dem Himalaya (die Teenager brachten wohl nur ihre Latein- und Geografiekenntnisse durcheinander) stammt? Geht gar nicht.

Rhabarberkuchen ist schließlich ein Klassiker und Rhabarberkompott als Nachtisch nicht wegzudenken. Der nostalgische Geschmack von Landpartie und Bauerngarten, Kindheit und Zungenbrechern.

Eine Freundin hat mir erzählt, dass sie einmal bei einer dieser Partys eingeladen war, die schon nachmittags beginnen und bei denen jeder „eine leckere Kleinigkeit“ fürs Büfett mitbringen sollte. Und was war? Da standen dann sechs – wie könnte es anders sein – Rhabarberkuchen nebeneinander, und man verbrachte die Stunden damit, diese zu vertilgen.

Wer weiß, vielleicht gab es abends ja dann Spargel-Risotto mit Rhabarber-Sauce, Sellerie-Rhabarber-Gemüse, Nudeln mit karamellisiertem Kohlrabi und Rhabarber, und Salat mit Rhabarber-Salsa. Die liegen nämlich im Trend. Dann vielleicht doch lieber Zungenbrecher für Erwachsene lernen: RhabarberBarbaraBarBarbarenBartBarbier.

RHABARBER-TARTE TATIN

Die Verwandlung der schon erfolgreich erprobten Apfelvariante in einen Rhabarberkuchen à la Tarte des Demoiselles Tatin, dem Klassiker unter den Apfelkuchen. Das geht hervorragend und schmeckt auch den Rhabarberverächtern wunderbar. Ganz besonders warm, mit Schlagsahne oder Vanilleeis.

Tipp: Eine geschlossene Form ist vorteilhaft, weil sich am Boden Saft bildet. Ich benutze meine Quicheform. Der spannende Moment ist gekommen, wenn die Tarte gestürzt wird. Am besten vorher mit dem Messer den Rand einmal rundherum ablösen.

Zutaten: (für 1 geschlossene Form 24 cm Ø)

Belag:
5 - 6 Rhabarberstangen
80 g Rohrohzucker
50 g zerlassene Butter

Mürbeteig:
200 g Mehl
100 g kalte Butter
1 EL Zucker
1 Prise Meersalz

Zuerst den **Mürbeteig** herstellen: dafür alle Zutaten miteinander verkneten, falls der Teig zu trocken ist, die Hände mit Wasser befeuchten. Den Teig etwas ruhen lassen.
Backofen auf 200° C Umluft vorheizen.
Die **Rhabarberstangen** waschen, Enden abschneiden und in schräge Stücke schneiden. Sie müssen nicht geschält werden!
Die zerlassene Butter in die Tarteform geben, den Zucker darüber streuen, die Rhabarberstücke von der Mitte her in der Form verteilen und schließlich den ausgerollten Teig darauf legen. Den Rand in die Form drücken.
Im Ofen etwa 30 Minuten goldbraun backen.
Nun wird es spannend: Am besten einen Teller in der Größe der Form auf den Teig legen, Ofenhandschuhe anziehen und alles beherzt umdrehen. Vorsichtig die Form anheben. Die Tarte kurz auskühlen lassen.

RICOTTA AL LIMONE

Zutaten:
(6 Portionen)
4 Eier
400 g Ricotta
2 Zitronen, Schale und Saft
100 g Rohrohrzucker
1 Vanillezucker
1 Prise Meersalz
Zucker für die Form
Man braucht eine Auflaufform von ca. 20 cm Ø und 10 cm Randhöhe.

Dazu: frische Heidelbeeren

Wenn wir hier in den Supermarkt gehen, um Ricotta zu kaufen, haben wir meist die Wahl zwischen zwei Marken. Wenn man in einen Supermarkt in Italien geht, ist das etwas anders. Man steuert die Käsetheke an und findet dort: frischen, cremigen Ricotta, Schafs-Ricotta, Bufala-Ricotta, Ziegen-Ricotta, den festen *Ricotta salata*, jeweils die regionalen Ricotta-Varietäten und – für mich eine Neuentdeckung – den Ricotta al limone, ein Nachtisch. Etwa wie Käsekuchen ohne Teig. Köstlich!

Ein Blatt **Backtrennpapier** für die Auflaufform wie folgt zurechtschneiden: Die Form auf das Papier stellen und ringsum mit einem Stift den Umriss nachzeichnen. Nun noch etwa 10 cm zu diesem Kreis hinzufügen und mit einer Schere ausschneiden. Fünf bis sechs Mal vom Rand her bis zur inneren Linie einschneiden, sodass das Papier flach auf den Boden der Form gelegt werden kann und die Randstreifen sich ebenfalls flach übereinander legen lassen. Das muss nicht perfekt sein.
Den Backofen auf 160° C Umluft aufheizen.
Die **Eier** trennen und die **Eiweiße** mit einer Prise Salz steif schlagen.

In einer Schüssel die **Eigelbe,** den Zucker und die abgeriebenen **Zitronenschalen** mit dem Handquirl so lange schlagen, bis die Masse heller und fester wird.
Den **Ricotta**, Vanillezucker und 4 EL **Zitronensaft** hinzufügen und umrühren. Dann das Eiweiß vorsichtig unterheben. Den Boden der Auflaufform mit Zucker bestreuen. Darauf die Ricottamasse verteilen und im Ofen ca. 40 Minuten backen. Herausnehmen, in der Form etwas abkühlen und zusammensinken lassen, bevor man den Ricotta vorsichtig auf einen Teller stürzt und das Papier abzieht. Mit den **Beeren** garnieren.

MARILLENKNÖDEL

Pfitzauf, Scheiterhaufen und andere süße Hauptspeisen sind in Süddeutschland weit verbreitet und ganz normal. Nun sind meine Kinder zwar Nordlichter, aber auf Zwetschgen-Grieß-Auflauf, Pfannkuchen oder eben auch Marillenknödel lassen sie sich gerne ein. Ich muss gestehen, darüber bin ich sehr froh. Marillenknödel sind außerdem durch die Aprikosen eher säuerlich-fruchtig und gar nicht so süß, wie man vielleicht zuerst vermutet.
Der Teig für die Klöße besteht hauptsächlich aus Quark und ist ganz einfach zu machen und zu verarbeiten. Traditionell isst man sie mit in Butter angebräunten Semmelbröseln, verfeinert mit etwas Zucker und Zimt.

Die Hälfte der **Butter** mit dem **Ei** und **Quark** gut vermischen, dann eine Prise Salz, das **Mehl** und den **Grieß** unterrühren und zu einem Teig verkneten. Diesen in 8 gleich große Stücke teilen.
Die **Aprikosen** der Länge nach einritzen und den Kern entfernen. Mit einem kleinen Löffel etwas Zucker in den Hohlraum füllen und die Frucht wieder zusammenklappen.
Ein Teigstück in der Handfläche flach drücken, die Aprikose hineinlegen und mit dem Teig ummanteln. So mit allen Teilen verfahren.

In einem großen Topf reichlich Wasser mit etwas Salz zum Sieden bringen. Die Klöße vorsichtig hineingleiten und 10 - 15 Minuten ziehen lassen, bis sie an die Oberfläche steigen. Mit einem Schaumlöffel herausfischen und auf einem Teller kurz ausdampfen lassen. In einer Pfanne die restliche **Butter** erhitzen, 2 EL Zucker darin schmelzen und leicht karamellisieren. Die **Semmelbrösel** dazu und bräunen, während man häufig umrührt. Mit etwas **Zimt** nach Belieben aromatisieren.
Die **Klöße** in der Semmelbröselmischung wälzen und mit Puderzucker bestreuen.

Zutaten: (8 Knödel)
8 Aprikosen
250 g Quark
100 g Butter
1 Ei
100 g Mehl (Instant)
50 g Grieß
Meersalz
100 g Semmelbrösel
Zucker
Zimt
Puderzucker

BIRNEN-TATINS MIT PFEFFER UND TÊTE DE MOINE

Die klassische Verbindung von Birne und Käse im edlen Gewand einer Tarte Tatin (beziehungsweise mehrerer kleiner Tartes). Die Bezeichnung Nachspeise trifft es eher als Dessert, denn sie ist nicht besonders süß. Man würde auch eher einen Rotwein dazu trinken als einen Likör. Vorzugsweise lauwarm genossen, eignen sich die Tartes hervorragend als leckerer Abschluss eines Essens mit Gästen.

Für den **Teig** sämtliche Zutaten in einer Schüssel zwischen den Fingern verreiben, zusammenkneten und zu einer Rolle formen. In den Kühlschrank legen.
Einen Topf mit etwa 250 ml Wasser, Zitronensaft sowie Lorbeerblatt vorbereiten.
Nun die **Birnen** schälen, vierteln, Kerngehäuse entfernen und in dünnere Spalten schneiden. In den Topf legen. Die Birnen in dem Wasser aufkochen lassen und zugedeckt 10 Minuten bei geringerer Hitze köcheln. Über einem Sieb abgießen.
In einer Pfanne **Butter** und **Zucker** zum Schmelzen bringen. Die Birnenspalten hinzufügen und alles bei mittlerer Hitze vorsichtig eindicken und leicht Farbe annehmen lassen. Das dauert etwas. Wenn fast keine Flüssigkeit mehr vorhanden ist, Pfanne vom Herd nehmen.
Die **Birnenspalten** in die Förmchen legen und minimal salzen.
Den Teig in 6 gleiche Teile schneiden und auf Größe der Backformen ausrollen. Auf die Birnen legen und am Rand der Form leicht herunterdrücken.
Im vorgeheizten Backofen bei 200° C Umluft ca. 15 Minuten backen (als große Tarte 10 Minuten länger).
Herausnehmen, kurz setzen lassen und dann auf einzelne Teller oder eine Servierplatte stürzen. Vorsichtig und langsam, damit die Birnen herunter sacken, die Form anheben und entfernen. Mit den **Käse-Rosetten** belegen, gut pfeffern und servieren.
Tipp: Im Rahmen eines Menüs die Tartes am Vortag vorbereiten. Dann muss man sie nur noch kurz in den Backofen schieben.

Man braucht:
6 Tarte-Förmchen
Ø 10 cm oder
1 größere, geschlossene Tarteform

Zutaten: (6 Personen)
Für den Teig:
160 g Mehl Typ 550
80 g Butter
1 Prise Meersalz
2 EL Wasser, kalt

Für den Belag:
80 g Tête de Moine in Rosetten
850 g Birnen (5 Stück)
1 Zitrone, Saft
1 Lorbeerblatt
80 g Butter
80 g Rohrohrzucker
Meersalz
Pfeffer

ORANGENCREME MIT KARAMELLISIERTEN WALNÜSSEN

Zutaten: (4 Personen)
500 g Griechischer Joghurt
250 g Ricotta
2 Orangen, Schalenabrieb und Saft
1 Vanillezucker
2 EL Rohrohrzucker
50 g Walnüsse, ohne Schale
2 EL Zucker
20 ml Wasser

Dieser Nachtisch ist schön cremig und dennoch weit weniger schwer und süß als ein Tiramisu oder eine *Mousse au Chocolat*. Der Trick dabei ist, Ricotta und Griechischen Joghurt über Nacht im Kühlschrank abtropfen zu lassen. Die Masse erhält dadurch mehr Format und wird dann nur noch mit der eingedickten Orangensauce und Schale aromatisiert. Frucht, Süße und die milde Säure des Joghurts finden hier ganz harmonisch zusammen.
Da frische Walnüsse vorzüglich zu Joghurt passen, habe ich eine Handvoll karamellisiert und über die Creme verteilt.

Für die **Joghurt-Ricotta-Creme** werden Joghurt und Ricotta gemischt und in ein Sieb umgefüllt, das über einer Schüssel hängt. Über Nacht kommt das Ganze in den Kühlschrank und tropft ab.
Am nächsten Tag mischt man den Saft der **Orange** mit Orangenschale, Zucker und Vanillezucker und kocht ihn in einem kleinen Topf etwas dicklich ein. Dieser **Orangensirup** wird unter die Joghurt-Ricotta-Masse gemischt und in eine Dessertschale umgefüllt.
Die **Walnüsse** karamellisiert man, indem man den Zucker mit dem Wasser in einer Pfanne aufkocht, etwas einköchelt bis er Fäden zieht, dann die Walnüsse hinzufügt und ohne zu rühren, Farbe annehmen lässt. Bei mittlerer Temperatur rührt man nun mit einem Holzlöffel weiter, bis das Karamell sich wieder auflöst und zu glänzen beginnt.
Nüsse auf einen Teller umfüllen, auskühlen lassen. Eventuell leicht zerbrechen und über die Creme verteilen.
Tipp: Walnüsse durch gehackte Zartbitterschokolade ersetzen.

HEIDELBEER-PLINSEN MIT BUTTERMILCH

Diese Plinsen gab es eine Weile nicht mehr, obwohl sie bei uns jahrelang als Nachtisch oder meist sogar als süße Hauptspeise sehr beliebt waren. Jetzt, wo so viele Heidelbeeren im Garten reifen, haben wir uns wieder an sie erinnert und diese Küchlein kurzerhand gebacken. Sie machen satt, sind schön fruchtig und nicht allzu süß. Einfach gut. Man kann sie warm, aber auch kalt essen.

Zutaten:
(ca. 25 Stück)
200 g Heidelbeeren
75 g Mehl Typ 550
50 g Mandeln, gemahlen
3 EL feine Haferflocken
250 ml Buttermilch
10 g Hefe
2 Eier
4 EL Rohrohrzucker
1 Prise Meersalz
Butter oder Öl zum Ausbacken

Zum Bestreuen:
Zimt-Zucker

Mehl, Mandeln, Haferflocken in einer Schüssel vermischen.
Nun die **Buttermilch, Hefe, Eier,** Zucker und Salz mit einem Handmixer daruntermischen.
Etwa 30 Minuten quellen lassen. Dann noch die **Heidelbeeren** unterheben.

In einer Pfanne etwas Butter erhitzen und mit einem Esslöffel portionsweise Teigflecken hineinsetzen. Die Küchlein wenden und von beiden Seiten ausbacken. Auf einen Teller legen und mit dem restlichen Teig ebenso verfahren.
Mit **Zimt-Zucker-Mischung** bestreuen.

SCHOKOTÖRTCHEN MIT SCHOKOSORBET

Zutaten: (6 Personen)

Für die Schokotörtchen: 6 Förmchen à Ø 8,5 cm
Butter und gemahlene Mandeln für die Formen
110 g Butter
90 g Zartbitterschokolade
90 g Puderzucker
3 EL Mehl Typ 550
3 EL Mandeln, gemahlen
1 EL Honig
3 Eiweiß, steif geschlagen

Für das Schokosorbet:
1 l Wasser
200 g Rohrohrzucker
150 g Zartbitter-Schokolade
50 g Vollmilch-Schokolade
80 g Kakao

Für die Deko:
6 EL Beeren, gemischt

Bei so viel Schokolade muss ein Dessert einfach glücklich machen. Ich mache es schon seit Jahren immer wieder. Beim Sorbet habe ich lange getüftelt, bis ich es so hatte, dass es richtig, richtig gut schmeckt.
Fügt sich in jedes Menü, das man für Freunde kocht, tadellos ein. Lässt sich gut vorbereiten.

Am besten beginnt man mit dem **Sorbet,** denn das muss ja noch ins Gefrierfach. Zuerst kocht man dafür den **Sirup**, verrührt Wasser und Zucker miteinander, erhitzt das bis der Zucker sich aufgelöst hat und lässt es wieder abkühlen.
Über dem Wasserbad vermischt man in einer Schüssel die zerbröckelte **Schokolade,** Kakao, Vanille und etwas vom **Sirup** und lässt alles schmelzen, ohne es zu sehr zu erhitzen. Gut mit dem Rührbesen schlagen, damit keine Klümpchen zurückbleiben, dabei nach und nach restlichen Sirup untermischen. Komplett abkühlen lassen, bevor die Masse in die Eismaschine oder in einem Behälter ins Gefrierfach kommt.
Bitte nicht vergessen, das Sorbet etwa 30 Minuten vor dem Servieren aus dem Tiefkühlfach zu nehmen und im Kühlschrank leicht auftauen zu lassen.
Auch die **Schokotörtchen** kann man schon am Vortag vorbereiten, wenn man das will, denn sie lassen sich in den Förmchen gut im Kühlschrank parken, bevor sie in den Ofen kommen.
Die Förmchen mit zerlassener Butter und einem Pinsel gut einfetten und mit jeweils 1 - 2 TL gemahlenen **Mandeln** ausstreuen.
Zuerst in einem kleinen Topf die **Butter** erhitzen bis sie Blasen wirft und nussig wird (am Boden setzen sich dunkle Partikel ab, die nicht weiter verwertet werden).
Über dem Wasserbad die **Schokolade** schmelzen. Puderzucker, **Mehl** und **Mandeln** miteinander vermischen, mit der nussigen Butter und dem **Honig** zur Schokolade geben und umrühren. Dann die steifen **Eiweiße** unterheben und die Masse auf die Förmchen verteilen (ca. jeweils 1½ EL). Die Förmchen mindestens eine halbe Stunde in den Kühlschrank stellen.
Backofen auf 180° C Umluft aufheizen und die Küchlein 10 Minuten backen. Der Teig ist dann innen noch etwas weich.
Auf Teller stürzen und mit Schokosorbet und ein paar **Beeren** als Deko servieren.

BITTERORANGEN-EIS

Auch Menschen, die keine Bitterorangen mögen, lieben dieses Eis. Diese Aussage beruht zwar nur auf meinen privaten Beobachtungen, ist also nicht wissenschaftlich oder statistisch belegt. Doch ich habe wahrlich mehr Esser um mich herum, die dem Aroma von Bitterorangen abgeneigt sind, als solche, die es mögen (und zu denen ich mich selbst zähle), die aber im Praxistest nicht genug von dem Eis bekommen können. Selbst mein Mann, der normalerweise nur und ausschließlich Schokoladeneis isst, war begeistert.
Ich habe in den Tagen nach dem Weihnachtstrubel noch einige Essen gegeben, Freunde eingeladen, gekocht und natürlich Nachspeisen aufgetischt, darunter auch dieses Bitterorangen-Eis. Was soll ich sagen? Ein 100%-iger Treffer. Mehr sage ich dazu nicht. Außer vielleicht, dass es Bitterorangen nur relativ kurz gibt, nämlich Anfang des Jahres.

Zutaten:
3 - 4 Bio-Bitter-Orangen (Sevilla-Orangen), Schale und Saft
200 g Puderzucker
1 Vanillezucker
500 g Crème double (alternativ: Crème fraîche und/oder Vollmilchjoghurt)

Tipp: Geriebene Schale und Saft lassen sich auf Vorrat portionsweise in kleinen Marmeladengläsern einfrieren.

In eine Schüssel die Schalen der **Orangen** ganz fein reiben, dann die Orangen halbieren und über einem Sieb mit den Händen ausquetschen, sodass die Kerne zurückbehalten werden und der Saft in die Schüssel läuft. Das müsste eigentlich ganz einfach gehen, da die Orangen sehr handlich sind.

Puderzucker und Vanillezucker unterheben und mit dem Handrührgerät die **Crème double** gut hineinrühren, bis eine homogene, glänzende Masse entsteht.
In die **Eismaschine** füllen, oder in einer Gefrierdose in das Gefrierfach stellen und mindestens 3 - 5 Stunden kühlen. Immer wieder dabei umrühren.

KARAMELL-EIS MIT FLEUR DE SEL

Spontanes Eisessen ist bei dieser Lieblingssorte leider nicht so richtig drin. Deshalb gehört das Rezept auch zu denen, die wir nicht so häufig machen, selbst wenn das alle gerne hätten, denn es muss eine längere Wartezeit für das Abkühlen eingeplant werden.
Auch die endgültige Menge ist relativ ungewiss, da die beiden Komponenten der Eiscreme für sich genommen schon so lecker schmecken, man häufiger als sonst bei der Vorbereitung Besuch in der Küche bekommt, der sich dann meistens mit einem Löffel in der Hand komisch dort herumdrückt. Hat man aber erst diese kritische Phase überwunden und die Eismasse (oder was davon übrig ist) im Gefrierfach gesichert, steht dem unvergleichlichen Genuss bald nichts mehr im Wege.

Zutaten: (ca. 1 Liter)

Für das Karamell:
200 g Puderzucker
250 ml Sahne
½ TL Fleur de Sel

Für die Basis:
250 ml Sahne
250 ml (Soja-Reis-) Milch
50 g Puderzucker
2-3 Eier

Tipp: Als Drumherum eignen sich gemischte, säuerliche Beeren hervorragend.

Zuerst die **Karamell-Creme** vorbereiten. Dafür in einem Topf den **Puderzucker** zum Schmelzen bringen. Dabei nicht die allerhöchste Stufe nehmen, damit er nicht gleich verbrennt. Mit einem Holz- oder Silikonspatel ab und zu umrühren. Nach und nach wird der Zucker durchsichtig, flüssig, dann bekommt er Farbe.
Nun die **Sahne** hinzufügen und umrühren. Vorsicht, das kann spritzen. Das Karamell wird erst hart, dann löst es sich aber in der Sahne auf und wird cremig.
Dafür leise köcheln lassen und immer wieder rühren. Abkühlen lassen und **Fleur de Sel** unterheben.
Für die **Eis-Basis,** die **Sahne** und **Milch** mit dem Zucker aufkochen, vom Herd nehmen und die verquirlten **Eier** zuerst mit zwei Esslöffeln der Sahne-Mischung verrühren, bevor man sie unter die restliche Masse gießt. Durch ein Sieb passieren und auskühlen lassen. Das Karamell leicht unterheben und im Kühlschrank gut durchkühlen lassen. In die **Eismaschine** füllen und später noch im Tiefkühlfach für ein paar Stunden ganz gefrieren lassen.

CLAFOUTIS MIT SCHWARZEN JOHANNISBEEREN

Ist das nun ein Kuchen oder ein Auflauf? Es ist nicht eindeutig, aber ich tendiere eher zum Auflauf, denn bei einem Rührteigkuchen würde ich mehr und vor allem auch einen fluffigen Teig erwarten. Außerdem isst man diese französische Süßspeise auch eher warm, was aber nicht heißt, dass sie kalt nicht gut wäre. Dann entspräche sie wiederum eher einem Kuchen. Egal wie, sie schmeckt einfach vorzüglich und wunderbar nach den Beeren.
Meine Freundin Lucie hat diesen *Clafoutis* mit Schwarzen Johannisbeeren gemacht (traditionell nimmt man eher Kirschen) und anstelle von Mehl gemahlene Haselnüsse aus ihrem Garten verwendet. Doch wer wie ich Schwarze Johannisbeeren liebt, für den ist diese Variante natürlich genau richtig. Gegen einen Tupfer Schlagsahne oder Crème fraîche obendrauf können auch keinerlei Einwände erhoben werden.

Zutaten: (4 Personen)
500 g Schwarze Johannisbeeren, entstielt
1 Vanilleschote, aufgeschlitzt
3 Eier
110 g Rohrohrzucker
1 Prise Meersalz
100 ml (Hafer-)Milch
4 EL Mehl Typ 550
1 TL Backpulver
100 g Haselnüsse, gemahlen
Butter für die Form

Zum Bestäuben:
Puderzucker

Den Backofen auf 200° C Umluft vorheizen. Eine Tarteform mit Butter einfetten.
In einer Schüssel die **Eier** mit dem Zucker, Salz und dem herausgekratzten Mark der **Vanille** schaumig verquirlen. Zuerst die **Milch,** dann das **Mehl** mit dem Backpulver und die **Haselnüsse** untermischen.
Die **Johannisbeeren** in die Tarteform füllen und verteilen und den Teig darüber gießen. Im Ofen etwa 35 Minuten backen, dann etwas auskühlen lassen.
Lauwarm, mit einem Klecks Schlagsahne oder Crème fraîche servieren.

BAISERS MIT MASCARPONE UND BEEREN

Selbstgebackene, frische Baisers haben nichts mit diesen Klümpchen aus dem Laden zu tun, die man kaum in den Mund nehmen kann, weil sie so trocken und staubig wie Kreide sind. Nein, sie sind ein Genuss und werden mit einer sahnigen Mascarpone-Füllung zur Sünde. Zum Glück kommen noch frische Beeren obendrauf, sodass man sein schlechtes Gewissen mit Vitaminen beruhigen kann. Abgesehen davon passt ihr säuerliches Aroma wunderbar zum süß-sahnigen Unterbau.

Zutaten: (8 Personen)
4 Eiweiße
240 g Zucker
1 Vanillezucker
1 TL Weißweinessig
1 TL Maisstärke

Für die Creme:
200 g Mascarpone
100 g Joghurt (alternativ: 1 Becher Schlagsahne)
1 EL Puderzucker
Rosenwasser
Brombeeren, Himbeeren, Heidelbeeren, Erdbeeren
Pistazien, gehackt

Den Backofen auf 160° C Umluft vorheizen. In einer großen Schüssel die **Eiweiße** mit einem Handmixer steif schlagen. Wenn sie beginnen fest zu werden, den Zucker plus den Vanillezucker nach und nach einrieseln lassen. So lange schlagen, bis das Eiweiß schön glänzt und Spitzen bildet. Man sollte sich dafür ruhig etwas Zeit nehmen.
Danach vorsichtig **Essig** und **Speisestärke** mit einem Metalllöffel unterheben.
Auf ein mit Backtrennpapier ausgelegtes Blech mit einem Löffel 8 Eiweißnester setzen, die in der Mitte eine kleine Kuhle für die spätere Füllung verpasst bekommen. 30 Minuten backen, danach herausnehmen und abkühlen lassen.
Für die Füllung die **Mascarpone** in der Schüssel mit Puderzucker, ein paar Spritzern Rosenwasser und **Joghurt** glattrühren. Wer es so richtig cremig mag, nimmt anstelle des Joghurts geschlagene Sahne, die zusammen mit der Mascarpone-Rosenwasser-Mischung verrührt wird.
Mit **Beeren** und gehackten **Pistazien** anrichten.

MANGO-KOKOS-QUARK

Ein wunderbares Dessert: Schön fruchtig, schön sättigend, es braucht wenig Süße und eigentlich würde man noch gerne einen weiteren Löffel davon naschen. Aber leider ist es schon alle!
Der Einsatz von Weckgläsern eignet sich bei diesem Dessert besonders gut, zum einen sieht es schön aus, und zum anderen kann man die Gläser portionsweise vorbereiten und mit dem Glasdeckel in den Kühlschrank stellen. Dort hält es sich auch über den Tag hinaus frisch.

Zutaten: (4 Personen)
2 Mangos, reif
200 ml Kokosmilch (ungesüßt, aus der Dose)
3 EL Kokosraspel
250 g Quark (20%)
100 ml Sahne, geschlagen
Rohrohrzucker
Vanillezucker
4 EL Mandeln, gehobelt
2 EL Butter

Die **Kokosmilch** mit den Kokosraspeln und 2 TL Zucker aufkochen, dann für weitere 3 Minuten die Hitze reduzieren, sodass es nur noch leicht köchelt und eindickt. Etwas auskühlen lassen. Anschließend in einer Schüssel mit dem vorher durchgeschlagenen Quark, Vanillezucker und der steifen Sahne verrühren. Nach Belieben süßen.
Die **Mangos** längs am Kern entlang abschneiden, mit einem Messer Rauten einritzen und das Fruchtfleisch mit einem Löffel aus der Schale lösen. Auch das Fruchtfleisch rund um den Kern so gut es geht abschneiden. Die schönsten Würfel zurückbehalten und den Rest der Frucht mit einem Pürierstab pürieren. Nach Belieben süßen.
Am besten portionsweise den **Kokosquark** und das **Mangopüree** in Gläser schichten, dabei die Fruchtwürfel oben auflegen, abdecken und in den Kühlschrank stellen. Der Quark wird durch die Kühlung noch fester.
Mandelplättchen in der Butter und 2 TL Zucker bräunen und karamellisieren. Erst vor dem Servieren den Mango-Kokos-Quark damit dekorieren.

PISTAZIEN-EIS

Lange Zeit habe ich kein Pistazieneis mehr gegessen, erst wieder in einem sehr feinen Restaurant, wo es frisch und cremig aus der Eismaschine kam. Es schmeckte schon fast nach Nougat, jedenfalls unglaublich lecker. Pistazieneis in Eisdielen sticht ja in der Regel durch unnatürliches Grün hervor. Wenn man selbst welches herstellt, weiß man, dass es nicht quietschgrün daherkommt, sondern eher gelblich- bis olivgrün. Wie Pistazien eben so aussehen.

Zutaten:
(4 Portionen)
100 g Pistazien
200 ml Milch
200 ml Sahne
30 g Marzipanrohmasse
100 g Puderzucker
1 TL Amaretto
1 kleine Prise Fleur de Sel

Die **Pistazien** mit 100 ml Milch und der **Marzipanrohmasse** so fein wie möglich pürieren.
Die restliche Milch kurz aufkochen und die Pistazienmasse mit dem Zucker, Amaretto und Salz hinzufügen. Ganz auskühlen lassen.
Mit der halb steif geschlagenen **Sahne** vorsichtig vermischen und alles in die **Eismaschine** geben. Bis zur gewünschten Konsistenz rühren lassen. Wer keine Eismaschine hat, füllt die Pistaziensahne in eine Form, stellt diese ins Gefrierfach und rührt alle 30 Minuten einmal um, bis die Masse fest wird. Vor dem Verzehr im Kühlschrank antauen.

DATTEL-NUSS-PRALINEN

Ich liebe Schokolade, aber mittlerweile ist mir die gekaufte Industrieware oft viel zu süß. Deshalb habe ich zu Datteln, gerösteten Erdnüssen, Haferflocken und Kakao gegriffen und damit diese leckeren Power-Kugeln zusammengerollt. Mein Pürierstab ist ganz schön heiß gelaufen, aber er hat es geschafft und die klebrigen Früchte und Nüsse zermust. Wer einen Standmixer hat, benutzt besser diesen.
In der *Clean Eating* Küche ist diese Art Süßigkeit schon lange beliebt.

Zutaten:
(ca. 25 - 28 Kugeln)
200 g Datteln, entsteint, möglichst weich
100 g Haferflocken, fein
50 - 80 g Erdnüsse, geröstet
2 EL Agavendicksaft
2 EL Kakao
1 - 6 EL kalter Kaffee (alternativ: heißes Wasser und 1 TL Instant-Kaffee)
Kokosraspel

A**lle Zutaten** bis aus die Kokosflocken in eine Schüssel (oder den Standmixer) geben und pürieren. Die **Erdnüsse** dürfen ruhig etwas stückig bleiben. Eventuell noch etwas mehr Flüssigkeit zugeben, aber die Masse sollte natürlich möglichst eine klebrig-feste Konsistenz behalten. Mit einem Teelöffel Bällchen abstechen, zu Kugeln formen und in **Kokosraspeln** wälzen. Im Kühlschrank halten sich die Dattel-Nuss-Pralinen in einem fest verschlossenen Glas über einen längeren Zeitraum.

KOCHEN & INTERNET

Seit mehreren Jahren gibt
es meinen Blog:
allesausdemgarten.de
Dort schreibe ich vor allem übers
Kochen, auch ein bisschen über das
Thema Garten und den eigenen
Anbau von Gemüse.
Da ein Buch leider immer nur
begrenzten Platz bietet und das
Internet dafür ganz viel, habe ich hier
einfach noch ein paar Internetlinks
hineingeschmuggelt.
Sie ergänzen den Hauptteil um
weitere Rezepte. Dazu einfach auf
die Rezeptsuche gehen :

www.allesausdemgarten.de/rezepte

und zwei Stichworte
aus dem Rezepttitel eintragen, dann
die Suchfunktion starten.
So gelangt man ganz einfach zum
Rezept.

KALTE KÜCHE

NORI MAKE, SPINAT, TOFU, OMELETTE

Ein Schmaus für Augen und Gaumen: Make-Röllchen, würzig marinierter und gebackener Tofu (Tofu-Yaki), süßlich asiatischer Salat, japanisches Omelette (Tamago-Yaki) und natürlich die sehr nussig-leckeren Spinat-Sesam-Kugeln.

VIETNAMESISCHE GLÜCKSROLLEN

Idealer Snack oder Appetitmacher: Diese Reispapierrollen können mit allen möglichen rohen Gemüsen, Koriander und Reisnudeln gefüllt werden und schmecken hinreißend. Und sie sind leicht herzustellen.

VIER AUFSTRICHE, VIELE GELEGENHEITEN

Dieses Pumpernickel-Fingerfood sieht hübsch und appetitlich aus, schmeckt wunderbar und hat darüber hinaus mindestens noch drei weitere Vorzüge: Es macht satt, es ist gesund, und es lässt sich vorbereiten.

KLEINER HUNGER

ZUCCHINI, BURRATA

Eine feine Vorspeise mit dem Aroma von Zitronen, Kräuterpesto und gutem Olivenöl. Die Zucchini werden nur kurz erhitzt, dazu die cremige Burrata. Auch für Gäste bestens geeignet.

ZUCCHINI, RICOTTA

Blöd, wenn man in einem feinen Restaurant sitzt und die Portionen dieser jungen, mit cremigem Ricotta gefüllten Zucchini so knapp bemessen sind. Sensationell gut und dabei so einfach!

LINSEN, OLIVEN, PECORINO

Der Dauerbrenner, schon so häufig gegessen und noch immer heiß begehrt. Mit Oliven, Knoblauch, Kräutern und Pecorino wird er mediterran. Wichtig ist, auf gute Zutaten zu achten.

AUS DEM OFEN

AUBERGINEN, PAPRIKA, BOHNEN

Optisch fragwürdig, geschmacklich umwerfend. Das Gemüse schmurgelt im Ofen, seine Säfte verbinden sich später mit dem fluffigen Bohnenpüree.

POLENTA, PALMKOHL

Polenta-Gnocchi alla romana sind schnell zubereitet, können auch mit Spinat oder Mangold gemacht werden. Dazu passt ein Salat, Tomatensauce oder gedünstetes Gemüse.

SCHWARZWURZELN, BLÄTTERTEIG, PARMESAN

Wahnsinnig gesund, voller B-Vitamine und Eisen - also her mit den Schwarzwurzeln! Ein Sahne-Süppchen wäre die einfachste Variante, diese Blätterteig-Tarte mit pikantem Parmesan hat aber dann doch etwas mehr Pfiff.

AUS DER PFANNE

ERBSEN-PANCAKES, KRÄUTER-RICOTTA

Im Grunde handelt es sich hier um eine Art italienisches Fingerfood, denn man kleckst mit einem Löffel ein kleines Häufchen Ricotta auf das Küchlein, faltet es zusammen - und ab damit in den Mund.

SCHWARZWURZELN, TEMPURATEIG

Schwarzwurzeln asiatisch: Die süßlichen Gemüsesticks werden in Tempurateig knusprig ausgebacken, dazu passt eine salzig-pikante Sojasauce. Als Beilage gedacht im Rahmen eines japanischen Menüs.

KÜRBIS, RICOTTA, SALBEI

Diese gefüllten Nudel-Schnecken könnten bei uns auch unter Krapfen laufen, in Italien sind es Rotolini, zubereitet mit einer Mischung aus Kürbis und Ricotta, angebraten in Salbei-Knoblauch-Butter.

AUS DEM TOPF

AUGENBOHNEN, TOMATEN, EI, FETA

Hier lassen sich mehrere Wünsche mit einer Klappe schlagen: nach wärmenden Gewürzen, nach einem angenehm sättigenden Essen mit sanfter Textur und Proteinen satt.

AUBERGINEN, TOMATEN, ERDNÜSSE

Cremiges Curry auf der Basis von Auberginen und Tomaten, umschmeichelt den Gaumen mit feinen Gewürzen, wärmt durch seine Schärfe und den Ingwer von innen und wird durch die Erdnüsse zum wahren Comfort Food.

ROTE LINSEN, TOMATEN, KOKOSMILCH

Das Problem bei dieser Suppe ist: Man kann mit dem Essen nicht aufhören. Ein gutes Zeichen. Deshalb sollte man am besten gleich die doppelte Portion machen und einfach weiteressen.

EXTRAS

SALZZITRONEN

Salzzitronen sind eine Delikatesse der marokkanischen Küche und werden bei uns immer populärer. Sie verleihen Gerichten eine unglaublich zitronige (und eben nicht saure) Note, vielseitig einsetzbar.

FÜR GÄSTE

NUDELN, LAUCH, WEISSWEIN

Nudeln mit Lauch? Ja, stimmt, das klingt zunächst unspektakulär. Doch die Weißwein-Sahne-Sauce, in der der geriebene Grana Padano schmilzt, macht alles rund und fein.

KIDNEY BOHNEN, TOMATEN, MAIS, CHILI

Tims Chili sin carne, gerne gekocht für viele hungrige Bäuche, auch gut geeignet als Grundlage für lange Partynächte. Das Geheimnis: Kakao, Espresso und Bier. Hört sich komisch an? Schmeckt super.

FÜR GÄSTE FORTSEZUNG

SPÄTZLE, LINSEN

Selbstgemachte Spätzle gehören zu unseren Lieblingsspeisen. Frische Nudeln sind einfach unschlagbar und diese hier fix zubereitet. Dazu feine Linsen mit leichtem Räucheraroma.

PASTA, MARINIERTE TOMATEN, OREGANO

Einfach und doch raffiniert: Vermicelli oder Spaghetti mit einer Sauce aus süßlichen, pürierten Tomaten, mit marinierten Tomatenscheiben, würzigem Oregano, frischem Knoblauch, Zitrone und Chiliöl.

PAPRIKA-GNOCCHI, TOMATEN, MOZZARELLA

Diese Gnocchi mit dem Aroma gerösteter Paprika fallen auch in die Kategorie Sonntagsessen. Sie sind jedenfalls außergewöhnlich und ziemlich gut. Dazu Ofen-Tomaten, Mozzarella und rotes Pesto

SPAGHETTI, DATTERINI, ZITRONEN

Eigentlich waren die Ofen-Datterini mit Zitrone und Burrata für eine leckere Pizza geplant. Aber man kann ja nicht jeden Tag Pizza essen. Nudeln passen auch super.

FÜR MÄNNER

SELLERIE, KÄSE, NUSS

Sellerie mal nicht als Rohkost oder Süppchen, sondern als ein mit Käse gefülltes Schnitzel mit einer leckeren Nusskruste. Keine Sorge: Man schmeckt die Sellerie nicht heraus. Macht ganz schön satt.

SEITAN, PILZE

Mein Mann ist Kollateralvegetarier, das heißt, er isst eigentlich schon Fleisch - das gibts bei uns bloß nicht. Selbstgemachtes Seitan schafft manchmal Abhilfe, wie hier bei dem Geschnetzelten mit Pilzen.

LASAGNE ALLA BOLOGNESE

... Natürlich mit vegetarischer Bolognese. Wie zu erwarten von den Herren im Haushalt heiß geliebt, während sich die Damen über einen höheren Gemüseanteil gefreut hätten. Man kann nicht alles haben.

SÜSSE SPEISEN

PFIRSICHE, EIER, WEIN

Ein super köstlicher Nachtisch, einfach zu machen, als krönender Abschluss für ein Essen mit Freunden oder den Sonntagnachmittag passend. Allerdings schauen Veganer in die Röhre. Zabaione geht nicht ohne Ei.

VANILLE, KARAMELL

Diese gestürzte Karamell-Vanillecreme lieben wir genau wie Mousse au Chocolat, **Crème brulée** oder Panna Cotta. Leider kommt sie seltener auf den Tisch, obwohl sie mit Milch und nicht mit fetter Sahne gemacht wird.

REZEPTE NACH SAISON

Für GärtnerInnen
beginnt das neue Jahr
mitten im Winter,
im Frühling herrscht
schon Hochbetrieb und
im Sommer, und
Herbst wird
fleißig geerntet.
Jedes Gemüse
hat seine Saison und
kann abwechslungs-
reich zubereitet
werden.

WINTER

FRÜHLING

SOMMER

HERBST

REGISTER

Auf den
nächsten Seiten
finden Sie
Stichworte
zu den
Rezepten
in diesem
Buch